www.tredition.de

AF187124

Das Einzige, was wir später bereuen, sind die Dinge, die wir *nicht* getan haben! Ein *glückliches* Leben ist unabhängig von finanziellem Reichtum. Dein Leben neu zu gestalten, erfordert nur *eine einzige* Entscheidung! Wie Dein Leben und Dein persönlicher Erfolg aussehen, entscheidest nur *Du* allein!

André M. Richter

André M. Richter

Auf der Reise zu Dir selbst

Downsize your life!

Impressum

© 2020 André M. Richter

Umschlaggestaltung & Illustration: André M. Richter
Herausgeber: André M. Richter
Coverfoto: „Way to the unknown" by André M. Richter

Verlag und Druck:
tredition GmbH, Halenreie 40-44, 22359 Hamburg

ISBN Taschenbuch: 978-3-7439-7999-4
ISBN Hardcover: 978-3-7439-8000-6
ISBN e-Book: 978-3-7439-8001-3

Bibliografische Information der Deutschen Nationalbibliothek:
Die Deutsche Nationalbibliothek verzeichnet diese Publikation in der Deutschen Nationalbibliografie; detaillierte bibliografische Daten sind im Internet abrufbar über http://dnb.d-nb.de.

Inhaltsverzeichnis

Vorwort   1

Hard Facts   3

Wie alles begann   7

Jedes Ende ist ein neuer Anfang   21

Auf dem Weg zu sich selbst   35

Die Sicht der Dinge entscheidet alles   73

Dem Ziel entgegengehen   93

If dreams come true ...   113

Arbeitsteil   139

Danksagung   165

Über den Autor   167

Vorwort

Irgendwann stellt sich jeder Mensch die Frage, ob das, was er im Leben erreicht hat, wirklich dem entspricht, was er sich einmal gewünscht hat. So war es eines Tages auch bei mir. Nach vielen Jahren der Berufstätigkeit, nach dem Verlust enger Familienmitglieder und Freunde sowie nach schwerer Erkrankung wurde mir bewusst, wie schnell das Leben an einem vorbeizieht, wie selbstverständlich man seine Herzenswünsche auf später verschiebt und wie wenig man die eigene Lebenszeit schätzt.

So stand ich eines Tages vor der Entscheidung, entweder völlig umzudenken, mich von vielen Dingen zu trennen und ein anderes, bewusstes Leben zu führen oder alle Warnsignale weiterhin zu ignorieren und so zu leben wie bisher – mit vielen unnötigen Dingen, hohen Kosten, großen Risiken und starker Abhängigkeit von Kunden und Banken.

Ich habe mich dafür entschieden, mein Leben zu ändern. Damit meine ich nicht, *auszusteigen*, sondern *umzusteigen* in ein Leben mit mehr Freiheit, mehr Selbstbestimmung und weniger Druck und Abhängigkeit.

Wie das funktionieren kann, ist Thema dieses Buches. Natürlich hat jeder von uns seine eigene Geschichte. Aber jeder von uns hat auch die Möglichkeit, sich auf die wirklich wichtigen Dinge in seinem Leben zu fokussieren und *DOWNSIZING* zu betreiben.

Doch was bedeuten Glück und Zufriedenheit für jeden einzelnen Menschen? Was bedeutet es für Dich? Was ist *Dir* wichtiger? Statussymbole oder die Möglichkeit, jeden Tag tun und lassen zu können, was immer Du willst?

Mit den Jahren verändern sich die eigenen Prioritäten. Was früher einmal höchste Priorität hatte, wird plötzlich zur Nebensache und völlig andere Dinge gewinnen an Bedeutung.

Dieses Buch ist für Menschen geschrieben, die anders denken als der *Mainstream*. Für Menschen, die (selbst-)kritisch sind und den *Status quo* hinterfragen. Für Menschen, die nicht jedem Trend hinterherrennen, ohne nachzudenken. Für Menschen wie Dich!

Tu Dir selbst den Gefallen und lass Dich ein auf dieses Gedankenspiel, das ganz neue Impulse in Dein Leben bringen wird!

Hard Facts

Wenn Menschen auf ihr Leben zurückblicken und man sie fragt, was sie am meisten bereuen, dann sind es Versäumnisse. So leben wie man selbst will, mehr Freude am Leben haben, Gefühle zeigen, für Freunde da sein, weniger arbeiten ... all das sind Wünsche, die uns meist viel zu spät bewusst werden.

Niemand kann sagen, wie ein perfektes Leben aussieht. Perfektionismus ist auch nicht der richtige Ansatzpunkt. Aber wie muss unser Leben sein, damit wir zufrieden und glücklich sind?

Fakt ist, dass die meisten Menschen so sehr mit ihrem Alltag beschäftigt sind, dass sie keine Zeit haben oder sich keine Zeit nehmen, um über ihr Leben nachzudenken und etwas zu verändern. Alles wird auf *später* verschoben – aber manchmal gibt es kein *später* mehr! Es ist wie die Fahrt in einem Karussell, das sich immer schneller dreht und zu entgleisen droht, wobei die Möglichkeit fehlt, auf *STOP* zu drücken.

Wahres Glück zeigt sich in der Lebenszufriedenheit und in den kleinen Freuden des Alltags. Alles, was Geld kostet, sorgt dagegen nur für ein kurzes Glücksgefühl.

Es ist bekannt, dass Glücksgefühle nichts mit finanziellem Reichtum zu tun haben. Die glücklichsten Menschen leben nicht in den reichsten Ländern dieser Erde.

Wenn wir auf Deutschland und deren Angestellte schauen, dann macht der Großteil nur noch Dienst nach Vorschrift oder hat bereits innerlich gekündigt. Das lässt die Schlussfolgerung zu, dass sich nur noch eine Minderheit bei ihrem Arbeitgeber wohlfühlt.

Unternehmer haben zwar teilweise andere Sorgen, aber auch bei ihnen stehen diverse Herausforderungen im Vordergrund.

Die Zahl der Erkrankungen ist in den letzten Jahren deutlich gestiegen. Stress in Beruf und Privatleben sowie mangelnde Zeit leisten einen großen Beitrag dazu.

Zufriedenheit sieht anders aus und Glück basiert nicht auf Geld und Vermögen. Es heißt, dass ein Mensch erfolgreich ist, wenn er jeden Tag tun kann, was er will. Erfolg sieht für jeden Menschen anders aus. Was können wir also tun, wenn wir etwas ändern wollen? Immer mehr Menschen werden zum *ANDERSDENKER* und suchen nach Alternativen, um ihr Leben neu zu gestalten.

Aber was genau ist ein *ANDERSDENKER?* Es sind Menschen, die anders denken als der *Mainstream*. Es sind Individualisten, die ihren eigenen Weg gehen. Es sind Menschen wie Du und ich!

Menschen, denen Freiheit und Unabhängigkeit wichtiger sind als Statussymbole und der Neid der Nachbarn! Menschen, die bewusst leben wollen, sich nicht länger einschränken lassen und nur funktionieren wollen!

Individualisierung ist zu einem Megatrend geworden und führt zu völlig neuen Lebenskonzepten. Gesundheit und die Unabhängigkeit, das eigene Leben selbst gestalten zu können sind heutzutage wichtiger denn je.

Ein weiterer Trend ist *Minimalismus* und eine *FOKUSSIERUNG AUF DAS WESENTLICHE.* Viele Menschen wohnen in einem möglichst großen Haus oder einer großen Wohnung. Aber verbessert sich das eigene Leben wirklich, wenn man in ein größeres Haus zieht? Mehr Größe bedeutet auch mehr Arbeit, mehr Kosten und mehr Abhängigkeit!

Insgesamt stellt sich die Frage, wie viel Besitz man wirklich braucht, um glücklich zu sein. Vor 100 Jahren besaß ein durchschnittlicher Haushalt in Deutschland 180 Dinge. Heute sind es circa 10.000! Ständige Werbung und Reizüberflutung sorgen dafür, dass wir glauben, immer mehr besitzen zu müssen. Doch immer mehr Menschen sehnen sich inzwischen nach Übersichtlichkeit und nach den wirklich wichtigen Dingen im Leben. Dabei muss jeder für sich seine eigene Lösung finden. Ein allgemeingültiges Rezept gibt es nicht!

Es ist nie zu spät, um sein Leben zu ändern. Jeder Tag ist der richtige Tag für einen Neuanfang. Dieses Buch soll kein Aufruf zum Konsumverzicht sein. Es soll vielmehr zum Nachdenken anregen – darüber, was für jeden von uns wirklich wichtig im Leben ist!

Fazit:

- Was wir später bereuen, sind die Dinge, die wir *nicht* getan haben!
- Glücksgefühle sind unabhängig von finanziellem Reichtum!
- Der richtige Zeitpunkt für einen Neuanfang ist JETZT!
- Weniger ist mehr!

Wie alles begann

Es ist kein gewöhnlicher Morgen. Sandra wacht auf und versucht, sich zu orientieren. Sie hat unendlich tief geschlafen. Draußen ist es bereits taghell. Plötzlich zuckt sie zusammen. Sie muss den Wecker überhört haben! Wie spät ist es? Wird sie noch pünktlich zur Arbeit kommen?

Verwirrt schaut sie sich um. Alles kommt ihr fremd vor. Allmählich merkt sie, dass sie nicht zuhause ist. Langsam erinnert sie sich wieder. Sie hat Urlaub, ist spontan in den Süden geflogen und hat alles hinter sich gelassen.

Was ist in den letzten Tagen geschehen?

Sandra arbeitet in einer Werbeagentur in Frankfurt, wohnt in einem modernen Appartement in einem Nobelviertel und ist seit drei Jahren mit Sven zusammen. Vor einem halben Jahr kamen sie auf die Idee, in eine gemeinsame Wohnung zu ziehen. Insgeheim wünscht Sandra sich Kinder, aber Sven ist seine Karriere wichtiger.

Vor einer Woche hat er ihr eines Abends bei einem Essen in ihrem Lieblingslokal gesagt, dass er die Beziehung beendet, da er kurzfristig im Ausland arbeiten wird.

Für Sandra bricht eine Welt zusammen. Zu keiner Zeit hat Sven zuvor erwähnt, dass er sich verändern möchte. Seine Gefühlskälte macht sie fassungslos und wütend zugleich. Plötzlich erscheint ihr alles Bisherige sinnlos. Sie hat mehrere Jahre mit einem Menschen verbracht den sie offensichtlich nicht kannte, und fühlt sich, als wäre sie beim „Mensch-ärgere-Dich-nicht" abgeschossen worden. Sie weiß nicht, wie sie reagieren soll, und steht unter Schock. Sven soll auf keinen Fall bemerken, wie sehr er sie damit getroffen hat. Wortlos knallt sie ihm seinen Ring auf den Tisch, schüttet ihm den Inhalt ihres Weinglases ins Gesicht, steht auf und geht.

Zuhause angekommen versucht Sandra, ihre Gedanken zu ordnen. Sie bittet ihre beste Freundin, ihre privaten Dinge bei Sven abzuholen, trinkt noch ein Glas Wein, versucht sich mit Musik abzulenken, und geht bald zu Bett. Sie will ihn nie wiedersehen.

Am nächsten Morgen ist sie wie gerädert. Als sie sich im Spiegel betrachtet, erschrickt sie. Sie hat tiefe Augenringe und wirkt wie versteinert.

Auf der Arbeit kann sie sich nicht konzentrieren. Das Projekt, an dem sie arbeitet, befindet sich gerade in der Endphase und erfordert nur noch einen Abschlussbericht. Eigentlich soll sie sofort mit einem neuen Projekt beginnen, aber sie hat keinerlei Kraft und Energie mehr. Also teilt sie ihrem Chef mit, dass sie dringend eine Pause braucht und kurzfristig ihren Resturlaub nehmen möchte.

Es ist Mittwoch. Sandra hat noch den Bericht zu schreiben und kann danach drei Wochen Urlaub nehmen. Sie arbeitet den Rest der Woche sehr konzentriert und ist froh, durch die Arbeit abgelenkt zu sein. Sven hat inzwischen mehrmals versucht, sie zu erreichen, aber sie hat seine Nachrichten ignoriert. Am Freitag fährt sie nach der Arbeit zum Flughafen und bucht spontan einen dreiwöchigen Luxusurlaub auf Fuerteventura. Sandra will nur noch weg und ist froh, kurzfristig etwas Passendes gefunden zu haben.

Der Flug startet bereits am nächsten Morgen. Zurück in ihrem Appartement informiert sie kurz ihre Freundin, packt für den Urlaub, geht zu Bett und fährt früh morgens mit dem Taxi zum Flughafen. Als ihre Maschine startet, schaut sie nachdenklich auf die immer kleiner werdende Stadt. Je winziger die Häuser werden, umso unwirklicher erscheint ihr jetzt das Leben, das sie dort bisher geführt hat. Sandra schließt die Augen und versucht zu schlafen.

Am Ziel angekommen mietet sie ein Cabrio und fährt in ihr Luxushotel. Aber diesmal ist alles anders als bisher. Sie ist nicht in der Lage, Freude zu empfinden. Alles um sie herum wirkt gekünstelt, irreal und steril. Es ist Luxus, aber kein echtes Leben. Es fehlt *etwas, das man mit Geld nicht kaufen kann. Genau beschreiben kann sie es nicht.*

Inzwischen ist es Mittag geworden. Sie ist völlig übermüdet und geht auf ihr Zimmer, um sich ein paar Stunden auszuruhen. Abends geht sie kurz etwas essen, hat aber kein Interesse an den üblichen oberflächlichen Gesprächen an der Bar und zieht sich zurück auf ihr Zimmer. Auf dem Bettrand sitzend betrachtet sie sich im Spiegel, schenkt sich ein Glas Prosecco ein, prostet sich selbst zu, fällt in ihr Bett und schläft sofort ein.

Sandra ist also im Urlaub. Um Abstand zu gewinnen, einen klaren Kopf zu bekommen und um zu überlegen, wie ihr Leben weitergehen kann. Was passieren muss, damit es wieder funktioniert. Vielleicht wäre eine kalte Dusche ja ein guter Start …

Als sie aus der Dusche kommt, ist ihre größte Müdigkeit verflogen. Sandra geht frühstücken, setzt sich danach in ihr Cabrio und fährt ziellos die Küstenstraße entlang. An einem kleinen Ort angekommen entscheidet sie sich, direkt ans Meer zu fahren. Der Ort wirkt um diese Zeit wie ausgestorben. An einer winzigen Taverne hält sie an. Dort sitzt nur ein einziger Gast.

Sandra bestellt sich einen Kaffee und betrachtet den Mann unauffällig. Mitte 50, sonnengebräunt, mittellanges graues Haar, angenehme Ausstrahlung, gelassen und voller Lebensfreude. Vor ihm stehen ein Kaffee und ein Wasser, er liest in einem dünnen Buch, lächelt und spricht ein paar Worte mit der Bedienung, die ihn zu kennen scheint. Seine Stimme ist vertrauenerweckend.

Als er wieder allein ist, beginnt er auf einem Blatt zu zeichnen. Schließlich fragt Sandra ihn, ob Zeichnen sein Hobby ist.

„Nein", antwortet er nur und schaut sie an.

„Und warum machen Sie das dann?", fragt Sandra.

„Weil ich mir vorgenommen habe, jeden Tag etwas Neues auszuprobieren oder etwas völlig Verrücktes zu machen."

Sie schaut ihn fragend an. „Wissen Sie, ich war lange im Management tätig und beruflich viel unterwegs, bis ich schließlich schwer erkrankt bin. Nachdem ich mich wieder erholt hatte, war meine Frau nicht mehr da und unsere Tochter führte bereits ihr eigenes Leben. Irgendwie machte meine Arbeit keinen Sinn mehr für mich. Ich war nicht mehr überzeugt von meiner Arbeit und hatte den Spaß daran schon lange verloren.

Da meine Ex-Frau vermögend ist, haben wir uns im Guten getrennt. Ich habe mich in der Firma auszahlen lassen, habe alles verkauft und bin auf Reisen gegangen. Irgendwann bin ich hier gelandet und geblieben. Ich lebe in einer kleinen Finca nahe am Meer, fahre einen Jeep und habe Surfen gelernt. Kein Porsche mehr, kein Golfen und keine Rolex! Ich will das alles nicht mehr!

Ich bin hier mit meinem einfachen Leben glücklicher als jemals zuvor. Meine Prioritäten haben sich völlig verändert. Ich beschäftige mich mit anderen Lebensphilosophien und übe Hobbys aus, von denen ich früher allenfalls geträumt habe. Kein Planen und keine Projekte mehr - ich lebe *jetzt* und denke allenfalls an morgen. Jeden einzelnen Tag genieße ich in vollen Zügen. Ich brauche relativ wenig Geld, bin finanziell frei und kann tun und lassen, was immer ich will. Niemand kann mich mehr unter Druck setzen. Die Menschen, mit denen ich hier befreundet bin, mögen mich als Mensch und wissen nichts von meinem früheren Leben. Was kann es Schöneres geben?"

„Was Sie sagen, klingt gut und weckt Sehnsüchte bei mir!", sagt Sandra nachdenklich. „Aber um das umzusetzen braucht man viel Mut und Zeit!"

„Wieso? Es braucht nur einen Auslöser und echte Entschlossenheit! Nachdem ich innerlich dazu bereit war, hat es nur drei Monate gedauert, bis ich Deutschland den Rücken gekehrt habe. Ich habe diesen Schritt niemals bereut und bin inzwischen schon ein paar Jahre hier. Übrigens, mein Name ist Maik", stellt er sich vor.

„Ich bin Sandra. Fehlt Dir denn nichts aus der Heimat? Kein Mensch? Nichts aus Deinem alten Leben?"

„Nicht wirklich! Gegenstände sind nur Materie und haben keine besondere Bedeutung für mich. Alles, was mir wichtig ist, passt in einen einzigen Koffer. Alles Übrige ist ersetzbar! Ich wäre nie dazu bereit, mehrere Tausend Euro für einen Container zu bezahlen, der mir unnütze Dinge aus meinem alten Leben bringt. Je weniger ich mitnehme, desto freier bin ich in meinen Entscheidungen!

Ja, und die Menschen von früher ... mein Umfeld hat sich stark verändert. Natürlich gibt es noch meine Ex und meine Tochter ... aber die sehe ich höchstens einmal im Jahr. Soll ich deshalb in Deutschland bleiben? Weiter einem Beruf nachgehen, der mir keinen Spaß mehr macht? Und Freunde? Die meisten Menschen waren da, solange es mir gut ging und sie durch mich einige Vorteile hatten. Als ich nicht mehr wie früher *funktioniert* habe, wurden die Freunde weniger. Aber weniger ist mehr! Ich habe noch ein paar gute Freunde – und die besuchen mich auch hier!

Ich habe hier nicht die Hektik, die Verbissenheit, die Ellenbogen-Mentalität und die Unzufriedenheit um mich herum wie früher. Ich genieße es, in Ruhe hier sitzen zu können, mich zu unterhalten, zu lachen und mich über Dinge zu freuen, die ich schon völlig vergessen hatte. Mit jedem Spaß, jedem Lachen und jeder Freude fühle ich mich jünger, gesünder und glücklicher!"

Sandra schluckt. Es ist, als könne Maik ihre Gedanken lesen. Mit jedem seiner Worte fühlt sie sich leichter. Er lebt das, was er sagt und anscheinend geht es ihm wirklich gut dabei.

„Aber Du hast alles aufgegeben! Wozu hast Du Dir jahrelang etwas angeschafft und aufgebaut, wenn Dir plötzlich alles egal ist? Deine ganze Arbeit muss doch einen Sinn gehabt haben!"

„Du willst mir damit sagen, dass meine Arbeit sinnlos war. Aber wie kommst Du darauf? Es mag Deine Sicht der Dinge sein. Meine Sicht dagegen ist eine völlig andere. Früher war es einmal für mich okay, jetzt ist es das nicht mehr. Jeder entscheidet für sich allein, worin der Sinn seines Lebens liegt. Was seine Erfüllung ist, womit er glücklich ist und wie er leben will. Das kann sich mit den Jahren ändern. Hauptsache, man bemerkt es und zieht die Konsequenzen für sich. Es zu ignorieren ist für mich, als wenn Dir ein Arzt ein Schmerzmittel gibt, um Deine Beschwerden zu unterdrücken anstatt Dich zu heilen!

Für mich hat der Sinn erst mit meinem neuen Leben begonnen!", antwortet Maik. „Ich weiß ja nichts über Dich. Aber wenn Du möchtest, dann sage ich Dir, was für einen Eindruck Du auf mich machst. Als Du hier angekommen bist, warst Du angespannt und gestresst. Keine Spur von Erholung! Inzwischen wirkst Du ein wenig gelassener. Deine Gesichtszüge sind entspannter. Aber etwas arbeitet in Dir. Offensichtlich stellt meine Denkweise Dein Weltbild völlig auf den Kopf."

Sandra nickt stumm. Maik fährt fort. „Du trägst teure Kleidung, teuren Schmuck und fährst ein teures Auto, das für diese Gegend völlig unpassend ist. Frage Dich einfach mal, ob *Dir* das wirklich gefällt. Fühlst Du Dich in Deinem Designerkleid wohl oder wäre es nicht viel bequemer, Jeans zu tragen und damit im Sand sitzen zu können?

Stelle Dir die Frage bei allem, was Du tust! Fühlst Du Dich *besser* mit einer sündhaft teuren Armbanduhr, für die Du einen Safe brauchst? Brauchst Du immer das neueste Smartphone oder reicht nicht auch das Vorjahresmodell?

Offensichtlich hast Du viel gearbeitet und bist jetzt an einem Punkt angelangt, wo sich etwas in Deinem Leben verändert hat. Jetzt suchst Du nach einer Antwort und nach Lösungen – aber was Du brauchst, ist in erster Linie Klarheit. Klarheit über Dich selbst, über Dein Leben und über Deine wahren Wünsche und Ziele!"

„Bin ich so leicht zu durchschauen?", fragt Sandra.

„Ja!", sagt Maik. „Zumindest für jemanden, der die Augen offen hat! Ich habe jetzt jede Menge Zeit für mich. Zeit zum Nachdenken und Zeit zum Genießen! Wenn es mir mal wirklich zu ruhig ist, dann fahre ich in die Hauptstadt, kaufe ein paar Dinge, die ich sowieso brauche und habe nach spätestens einer Stunde genug von der Hektik und dem ganzen Lärm. Ich sehe mich nicht als *Aussteiger*, sondern als *Umsteiger*.

Aber was genau versprichst Du Dir von Deinem Urlaub? Wie lange bist Du hier, wie wohnst Du hier und was willst Du für Dich erreichen?"

Sandra schluckt. Die Antwort ist ihr peinlich. „Ich habe drei Wochen in einem 5-Sterne-Resort gebucht und will in dieser Zeit planen, wie ich mein Leben ändere, damit es wieder funktioniert. Danach muss ich wieder fit sein und Energie haben für mein nächstes Projekt!"

„Aha!", lächelt Maik sie an. „Und daran glaubst Du? Das schafft kein Mensch! Danach bist Du noch mehr frustriert als zuvor! Außerdem solltest Du nicht planen, sondern etwas ändern! Meinst Du denn, dass Du in einem Luxushotel zwischen Champagner, Hummer und Golfen zur Normalität findest? Und denkst Du, dass ein Leben nur *funktionieren* soll? Wie wäre es mit etwas Spaß im Leben, mit Zufriedenheit und Glücksgefühlen? Mit den Dingen, die ich jetzt täglich in meinem Leben habe!"

„Ich habe bereits bei meiner Ankunft bemerkt, dass etwas anders ist als bisher. Aber was soll ich machen? Ich weiß nicht, womit ich anfangen soll! Im Augenblick ist mir alles zu viel. Es ist wie ein Karussell, das sich immer schneller dreht und das ich nicht ausschalten kann! Überall sind Aufgaben, Kosten und Verpflichtungen. Ich *muss* funktionieren!"

„Das kannst Du so lange machen bis Du umfällst. Und Du bist kurz davor! Du bist doch hier, weil Du eine Auszeit brauchst! Ein Mensch ist keine Maschine! Also nimm Dir Zeit für Dich! Was möchtest Du noch alles erleben? Wie fühlt sich der Gedanke an, weitere 25 Jahre zu *funktionieren* und dann irgendwann in Rente zu gehen? Dazwischen vielleicht mal eine Zwangspause wegen Magengeschwür oder Bandscheibenvorfall? Was hast Du zu verlieren? Dein eigenes Leben, wenn Du so weitermachst!

Du musst mal komplett abschalten! Und das schaffst Du nicht in einem Luxushotel! Du musst deshalb nicht gleich mit einem Rucksack durch Indien trampen. Du brauchst Ruhe und Normalität. Beides kannst Du nahezu überall finden!

Wenn Dein Urlaub hier vorbei ist, dann nimm Dir eine Auszeit! Wenn Du Deine Kosten reduzierst, wie lange kannst Du dann von Rücklagen leben? Nimm Dir ein Sabbatjahr, wenn Du kannst! Vermiete Deine Wohnung, verkaufe Dein Auto, genieße das Leben und lebe Deine Träume!

Konzentriere Dich nicht auf einzelne Personen oder Gegenstände, die Dir gefallen. Das alles kann sich plötzlich ändern. Vieles ist austauschbar und verliert an Bedeutung. Wenn Du glücklich sein willst, dann suche Dir Ziele und arbeite daran! Wenn Du ein wirkliches Lebensziel, ein *Traumziel* gefunden hast, dann hast Du es immer vor Augen!"

Maik hat Recht. Sandra fragt sich, was Kollegen, Freunde und Nachbarn denken würden. Aber ist das wichtig? Sie ist jetzt Single und ihr fehlt jegliche Freude im Leben. Sie ist härter und härter geworden – auch gegen sich selbst. Was hat sie sich da nur angetan ohne es zu bemerken? Sie lebt und arbeitet in einer Stadt, die ihr nicht wirklich gefällt. Sie wohnt in einem überteuerten Nobelviertel, zahlt eine unverschämte Miete, hat hohe Leasingraten für ihren Wagen und gibt Geld aus, weil sie gefrustet ist und sich trösten oder belohnen will. Und was ist in 20 oder 30 Jahren? Sandra läuft es bei dem Gedanken daran kalt den Nacken hinunter.

„Ich denke, ich fahre jetzt zurück zum Hotel!", sagt sie zu Maik. „Unser Gespräch hat mich sehr nachdenklich gemacht. Ich muss das erst mal verarbeiten. Aber danke für Deine ehrlichen Worte! Ich würde mich sehr gerne weiter mit Dir unterhalten. Was Du sagst, gefällt mir wirklich, aber es macht mir auch Angst. Wann bist Du wieder hier? Können wir unsere Telefonnummern austauschen?"

„Ich bin telefonisch kaum erreichbar. Ich gönne mir den Luxus, mein Telefon nur einzuschalten, wenn ich es wirklich brauche. Es tut verdammt gut, auf Technik verzichten zu können. Aber gewöhnlich ich bin jeden Tag um diese Zeit auf einen Kaffee hier. Zumindest so ungefähr, denn ich trage auch keine Uhr mehr. Die würde mir nur zeigen, wie meine Zeit abläuft!

Übrigens will ich Dich nicht verletzen. Aber Dir ist nur mit einer ehrlichen Meinung geholfen!"

Sandra bedankt sich, steigt in ihr Cabrio und fährt davon. Im Hotel angekommen checkt sie ihre Mails, Nachrichten und ihren Anrufbeantworter zuhause. Plötzlich muss sie lachen. Ihr fallen Maiks Worte ein. Was hat er gesagt? *Es tut verdammt gut, auf Technik verzichten zu können."* Wieso zum Henker dann dieses Gefühl, ständig über alles informiert sein zu müssen? Schließlich ist sie jetzt für ganze drei Wochen im Urlaub!

Nach dem Abendessen im Hotel genießt sie auf der Terrasse ein Glas Wein und denkt über das Gespräch mit Maik nach. Sandra ist voller neuer Eindrücke, aufgewühlt und verwirrt zugleich. Ihr ist bewusst, dass sie etwas ändern muss – aber wo soll sie anfangen und woher soll sie wissen, was *wirklich* gut für sie ist?

Voller widersprüchlicher Gedanken geht sie zu Bett, kann aber keinen Schlaf finden. Eine gefühlte Ewigkeit lauscht sie dem Meeresrauschen und genießt die Meeresluft. Irgendwann schläft sie schließlich ein.

Am nächsten Morgen wacht sie früh auf und schaut aus dem Fenster. Die ersten Hotelgäste reservieren bereits mit ihren Handtüchern die besten Liegestühle am Pool und gehen danach zufrieden zum Frühstück. Sandra schüttelt den Kopf. Sie denkt an Maik und beschließt, genau wie er möglichst jeden Tag etwas Neues auszuprobieren. Also geht sie an den Strand, um im Meer zu schwimmen. Es ist unglaublich schön, den Sand und die Wellen zu spüren, das Rauschen des Meeres zu hören und die salzige Luft zu riechen.

Zurück im Hotelzimmer öffnet sie den Kleiderschrank und greift gewohnheitsmäßig nach einem teuren Kleid. Plötzlich hält sie inne und überfliegt den gesamten Schrankinhalt. Sie entscheidet sich für ihr einziges Paar Jeans, ein lockeres T-Shirt und bequeme Sneakers. Sandra legt ihr Schminkzeug beiseite, kämmt sich kurz ihr Haar, benutzt ihr Lieblingsparfüm und schaut in den Spiegel. Sie ist zufrieden mit sich.

Nach einem leichten Frühstück geht sie an die Rezeption, um ihr Cabrio abzugeben und gegen einen Jeep zu tauschen. Da der Wechsel erst einen Tag später erfolgen kann, ist sie für den heutigen Tag an das Hotel und die nähere Umgebung gebunden. So entscheidet sie sich für einen langen Spaziergang am Meer und hofft, Maik am nächsten Tag wieder zu treffen.

Sandra läuft mehrere Stunden den Strand entlang. Zwischendurch macht sie Pause, betrachtet die Umgebung und atmet tief durch. Sie schließt die Augen und versucht, alles um sich herum zu genießen. Aber das Nichtstun fällt ihr unendlich schwer. Sie hat das Gefühl, dass es falsch ist, zu entspannen und nicht produktiv zu sein. Sie fragt sich, wie es möglich ist, sich selbst immer mehr unter Druck zu setzen, ohne es überhaupt wahrzunehmen.

Plötzlich lebt man ein Leben, das so niemals geplant war. Aus Leichtigkeit und Lebenslust werden Eintönigkeit und Lethargie. Der Prozess ist schleichend. Tag für Tag wird es mehr und irgendwann ist man sich selbst fremd geworden. Ein paar Sätze von Maik gehen ihr durch den Kopf und irgendwie scheint alles klarer zu werden. Sie kann und darf hier entspannen so viel, wie sie will. Basta! Wenn sie nur seine Gelassenheit hätte und die Gabe, komplizierte Dinge möglichst einfach zu betrachten!

Zurück im Hotel bestellt sie sich ein Essen und ein Getränk auf ihr Zimmer. Sie braucht Ruhe, um ihre Gedanken ordnen zu können. Sandra nimmt einen Notizblock und beginnt zu schreiben. Nach ungefähr einer Stunde liegen viele Zettel vor ihr. Das bisherige Leben ist unterteilt in Vor- und Nachteile ihres Berufs, Hobbys, Freunde, Wünsche und Ziele, Ängste und Sorgen ... aber je mehr sie ins Detail geht, desto weniger Klarheit bekommt sie. Also versucht sie, alles in einer Skizze darzustellen. Doch das Ergebnis sieht total verworren aus. Irgendwie macht das so keinen Sinn. Sandra beschließt, am nächsten Tag Maik davon zu erzählen. Erschöpft von der langen Wanderung und der frischen Luft geht sie zu Bett.

Am nächsten Morgen bekommt sie ihren neuen Leihwagen, packt ein paar Kleinigkeiten in einen Rucksack und fährt los, um Maik zu treffen.

Sandra fühlt sich wohl und hat das Gefühl, an ihrem Urlaubsort innerlich angekommen zu sein. Nach einigem Suchen findet sie schließlich den kleinen Ort mit der Taverne, wo sie Maik kennengelernt hat. Da sie ihn nicht entdecken kann, geht sie zum Strand und bleibt in der Nähe der Taverne. Die Ruhe, der Sandstrand, die Meeresluft und das gleichmäßige Rauschen der Wellen tun ihr gut und sie fühlt sich von Minute zu Minute lebendiger. Allmählich beginnt die Umgebung sie zu faszinieren.

Irgendwann galoppiert eine Frau auf einem schwarzen Pferd an ihr vorbei. Sie bemerkt, wie der Boden bebt, hört das Schnaufen des Pferdes und spürt die Kraft und die Energie. Sie lächelt und hat das Gefühl, als würde eine Last von ihr abfallen, während sie so intensiv das Leben und die Natur spürt. Sandra wird urplötzlich bewusst, dass es Situationen im Leben gibt, in denen man tiefes

Glück empfindet, ohne dafür Geld ausgeben zu müssen. Ob sie jemals lernen wird, so zu denken und zu empfinden wie ihr neuer Freund?

Als Sandra auf die Uhr schaut, sind ganze zwei Stunden vergangen. Inzwischen ist Maik da. Sie beschließt, für den Rest ihres Urlaubs auf ihre Armbanduhr zu verzichten. Sandra denkt daran, dass eine Uhr nur anzeigt, wie die eigene Zeit verfliegt.

Maik spricht mit der Bedienung und lacht herzlich. Er muss wirklich glücklich sein und seinen Weg gefunden haben, geht es ihr durch den Kopf, während sie in seine Richtung läuft. Er sieht sie sofort und begrüßt sie herzlich.

„Hallo Sandra, schön Dich zu sehen! Als Du gestern nicht hier warst, dachte ich schon, dass unser Gespräch zu heftig für Dich war."

„Hallo Maik! Nein, ich hatte gestern kein Auto. Dafür fahre ich jetzt einen kleinen Jeep. Ich habe bereits damit begonnen, mich zu verändern!"

Sandra erzählt Maik, wie sich ihr Denken nach ihrem Gespräch geändert hat, und berichtet von ihrem verzweifelten Versuch, mittels Zetteln und Skizzen Struktur in ihr Leben zu bringen.

„Es ist schön, dass Du es ernst meinst!", antwortet Maik. „Du wirkst auch nicht mehr so gehetzt und angespannt. Aber was Deine Pläne und Skizzen betrifft ... wirf sie weg und denke nicht mehr daran! So wie Du ein leeres Blatt brauchst, wenn Du etwas schreiben willst, so muss Dein Kopf zuerst klar und frei von *Altlasten* sein, wenn Du mit etwas Neuem beginnen willst. Das ist wie eine Festplatte, die man löscht und neu fragmentiert."

Sandra betrachtet Maik lange und sagt schließlich: „Ich habe viel nachgedacht und meine Fragen sind immer mehr geworden. Ich frage mich zum Beispiel, wie und wo ich anfangen soll. Woher soll ich wissen, was das Richtige für mich ist? Rückblickend kann ich nur sagen, dass der alte Weg falsch war."

„Er war nicht falsch! Früher war er für Dich richtig. Er passt nur heute nicht mehr! Vergleiche es mit einem Straßensystem. Irgendwann geht es nicht mehr geradeaus und Du musst Dich entscheiden. Es gibt die Möglichkeit, nach links oder nach rechts abzubiegen. Du triffst eine Wahl und merkst, dass Du in eine Sackgasse gefahren bist. Manche bleiben in der Sackgasse stehen, Andere kehren um und finden einen neuen Weg. Den, der jetzt für sie richtig ist!

Lange Zeit habe ich nachgedacht und an mir gearbeitet. Mein Veränderungsprozess hat Zeit gebraucht. Mein neues Lebensmodell hat sich nur langsam entwickelt. Die Grundgedanken erkläre ich Dir gerne. Wenn Du Dich darauf einlässt, dann wird es Dir helfen. Aber es ist kein Wundermittel. Die wirkliche Arbeit beginnt danach. Es erfordert klare Entscheidungen und Durchhaltevermögen. In dieser Phase solltest Du jemanden haben, der Dich unterstützt!"

„Ich will mich wirklich verändern! Ich habe aber keine Ahnung, wie weit ich gehen kann und wo meine Grenze ist. Aber ich kann nicht mehr so leben wie bisher."

„Dann werde ich Dir alles erklären. Eigentlich ist es ganz einfach. Einfachheit ist mir sehr wichtig, denn in meinem ehemaligen Beruf geht es kompliziert zu. Vereinfacht gesagt gibt es fünf Punkte, die von grundlegender Bedeutung sind. Daraus habe ich meine eigene Methode entwickelt. Das Ganze ist ein Lernprozess, der Dir gefallen wird, der aber auch anstrengend ist. Es ist anstrengend, weil Du mit Deinen persönlichen Schwächen konfrontiert wirst und es Dir nicht hilft, Dich selbst zu belügen."

„Das ist großartig!", sagt Sandra. „Bitte lass uns gleich damit beginnen!"

„Gut! Dann starten wir mit dem ersten Punkt! Dabei geht es darum, dass Du eine neue Basis für Dein künftiges Leben brauchst!"

Fazit:

- Ein einfaches Leben kann ein glücklicheres Leben sein!
- Der Sinn des Lebens besteht nicht darin, möglichst viele Dinge anzusammeln!
- Kaufe nur das, was Du selbst wirklich haben möchtest!
- Spaß, Zufriedenheit und Glücksgefühle sind durch nichts zu ersetzen!
- Prüfe regelmäßig, ob Du noch Dein eigenes Leben lebst!

Jedes Ende ist ein neuer Anfang

Sandra ist irritiert. „Was meinst Du damit? Wie und wo soll ich diese Basis finden?", fragt sie.

Maik bringt sie völlig durcheinander. Ihn scheint dagegen nichts aus der Ruhe bringen zu können. Er lächelt sanft und antwortet nur: „Sei nicht so ungeduldig! Wie gesagt, es ist ein Lernprozess und kein Fahrplan mit vorgefertigten Lösungen. Was verstehst Du denn unter einer neuen Basis für Dich? Und lass Dir Zeit mit der Antwort! Schalte einfach ab, atme tief durch und denke nach! Wenn Du fertig bist, dann setze Dich wieder zu mir. Wir wickeln kein Projekt ab und haben keinen Zeitdruck. Und beschränke Dich beim Schreiben auf das Wesentliche!"

Nachdenklich steht Sandra auf. Sie hat einen langen Vortrag erwartet, wollte sich viele Dinge notieren und daraus dann ihre eigene Lösung entwickeln.

„Du bist enttäuscht!", sagt Maik. „Aber Du selbst musst Deine Lösung finden! Ich zeige Dir nur die Richtung und unterstütze Dich auf Deinem Weg."

„Okay! Dann gehe ich mal runter zum Strand …".

Maik lächelt und zeigt ihr den erhobenen Daumen. „Du bist auf dem richtigen Weg. Der Anfang ist schwierig. Aber mit dem ersten Schritt fängt alles an!"

Sandra setzt sich ans Wasser und überlegt. Ihre neue Basis … was kann das sein? Die Grundlage für ihr Leben … ihr neues Leben. Aber was gehört alles dazu? Beruf, Geld verdienen, wohnen … und was sonst? Eine Partnerschaft … wie entscheidend ist das Privatleben dabei?

Nach einer halben Stunde intensiven Nachdenkens geht sie zurück zu Maik, der entspannt in der Sonne sitzt und die Augen geschlossen hat. Sie erzählt ihm von ihren Gedanken und dem Ergebnis.

„Du denkst in die richtige Richtung!", sagt er. „Aber Du musst Deinen Horizont erweitern! Wie viele Stunden hat der Tag? Bist Du 24 Stunden lang auf der Arbeit? Nein, natürlich nicht! Was machst Du den Rest des Tages? Oder besser: Was *willst* Du gerne machen? Das ist Deine neue, künftige Basis!

Schaffe Klarheit in Deinem Leben, und zwar in allen Bereichen! Erst wenn Dir klar ist, wo Du *heute* stehst, kannst Du Dir auch Gedanken darüber machen, *wohin* Du willst! Schaue Dir alle Bereiche Deines Lebens an ..."

„Aber was gehört alles dazu?", unterbricht Sandra ihn.

„Beruf und Geld, Wohnen, Beziehung und Familie, natürlich auch Dein Privatleben, also Freunde, Hobbys usw. und auch Deine Gesundheit! Für mich sind alle Punkte gleich wichtig und funktionieren nur im Zusammenspiel. Aber die meisten Menschen vernachlässigen einige davon und wundern sich dann, wenn sie krank werden. Das basiert übrigens auf meinen eigenen Erfahrungen!"

„So, wie Du das sagst, klingt das logisch und ich wundere mich, das ich nicht selbst darauf gekommen bin."

„Dir ist bereits bewusst, dass Du Dein Leben ändern willst. Jetzt brauchst Du Klarheit in all Deinen Lebensbereichen. Notiere Dir, wie diese fünf Bereiche heute aussehen! Wenn sie alle Deinen Wünschen entsprechen, dann bist Du gesund, zufrieden und glücklich. Aber das ist nicht der Fall, denn sonst wärst Du nicht hier! Mach Dir deshalb Gedanken darüber, was einmal Deine größten Ziele waren ... die Träume, für die Du einmal *gebrannt* hast und die Du unbedingt verwirklichen wolltest!

Als Nächstes prüfst Du, welche dieser Ziele Du auch *umgesetzt* hast. Bei Zielen, die Du nicht erreicht hast frage Dich, warum es so war und ob sie Dir heute überhaupt noch wichtig sind. Danach machst Du eine Pause und schreibst Dir auf, wie Deine *heutigen* Ziele lauten. Ich meine damit *echte Lebensziele und Herzenswünsche* ... die Punkte, bei denen Deine Augen leuchten, bei denen

Du Glücksgefühle bekommst und am liebsten gleich loslegen willst!

Schau Dir diese Punkte auf Deiner Liste genau an und lass sie auf Dich einwirken! Nimm Dir reichlich Zeit dafür! Wenn Du sicher bist, Deine echten Ziele gefunden zu haben, dann prüfe genau, wie *zufrieden* Du jetzt bist. Frag Dich, was sich ändern muss, was aus Deinem Leben verschwinden muss, was keinen Platz mehr in Deinem Leben hat, und frag Dich ganz besonders, was fehlt und was Du künftig brauchst!

Es geht darum, festzustellen wie groß Dein aktueller Schmerz ist, wie er auf Dich einwirkt und Dein Leben beeinträchtigt! Du sollst genau wissen, ob es sich für Dich wirklich *lohnt*, etwas zu ändern und dran zu bleiben, bis Du Dein Ziel erreicht hast. Wenn Du an diesem Punkt angelangt bist, kannst Du Dir selbst ein Versprechen geben und weißt, wofür Du Dich verändern willst!"

„Dann habe ich jetzt wohl eine Menge zu tun!", sagt Sandra. „Ich habe auch verstanden, dass manche Dinge Zeit benötigen und einfach länger dauern. Aber wie viel Zeit ist denn angemessen, um all diese Fragen zu beantworten und zu einem klaren Ergebnis zu kommen?"

„Du hast Dir gerade selbst die Antwort gegeben. Es dauert so lange, wie es dauert! In jedem Fall ist es grundverkehrt, möglichst schnell sein zu wollen. Manche kommen schneller zu einem Ergebnis, bei anderen dauert es eine halbe Ewigkeit.

Ich mache Dir einen Vorschlag. Lass uns jetzt den Sonnenuntergang genießen. Danach fährst Du in Dein Hotel und machst Dir ein paar Gedanken und Notizen – aber bitte nicht zu lange!

Morgen machen wir zusammen einen Tagesausflug, wenn Du möchtest. Du sollst mal etwas ganz anderes sehen und Gegensätze kennenlernen. Dann machst Du einen Tag Pause. Am darauf folgenden Tag sprechen wir über alles. Vertraue auf Deine Intuition! Du wirst an dem Tag eine Lösung für Dich gefunden haben!"

Sandra willigt ein und beide sitzen nebeneinander, betrachten den Sonnenuntergang, lauschen dem gleichmäßigem, beruhigendem Rauschen des Meeres und genießen die Eindrücke. Als es völlig dunkel ist, verabschiedet sich Sandra. „Ich danke Dir für unser Gespräch und für die Zeit, die Du mir widmest! Du scheinst das bereits zu kennen, wonach ich selbst noch suche! Früher hätte mich das beängstigt. Heute empfinde ich es als großes Glück."

„Auch für mich ist es eine Bereicherung! Es tut gut, etwas von dem weitergeben zu können, was mich selbst gerettet und glücklich gemacht hat!"

Beide verabschieden sich voneinander und verabreden, dass Maik sie am nächsten Morgen an ihrem Hotel abholt. Sandra fährt zurück zum Hotel, bestellt sich nur eine Kleinigkeit auf ihr Zimmer, macht sich ein paar Notizen, öffnet die Tür zur Terrasse, legt sich auf ihr Bett und schläft schnell ein.

Als sie am nächsten Morgen nach dem Frühstück das Hotel verlassen will, wird sie vom Manager angesprochen, da sie einige gebuchte Termine nicht wahrgenommen hat. „Alles ist bestens!", sagt sie nur und schaut sich nach Maik um, der bereits auf sie wartet. Sie begrüßen sich und Maik bringt sie zu seinem Jeep.

„Wohin soll es denn heute gehen?", fragt Sandra neugierig.

„Lass´ Dich überraschen!", antwortet Maik nur. Nach wenigen Minuten Fahrt biegt er in eine Straße ab, die nicht asphaltiert ist. Sie kann nur sehen, dass die Straße am Horizont über einen hohen Berg führt, alles Weitere ist offen.

„Mach´ Dir keine Gedanken und analysiere nichts!", sagt Maik. „Es wird ein toller Ausflug mit intensiven Eindrücken, aber es ist nicht gefährlich und am Abend sind wir wieder zurück! Entspann Dich und genieße es! Spüre in Dich hinein, was Du empfindest! Ich habe diese Strecke nicht zufällig ausgewählt! Wir fahren nach Cofete und dann weiter zur Villa Winter."

Sandra hat Vertrauen zu Maik und schafft es, nur die karge Landschaft zu betrachten. Kurve um Kurve geht es den Berg hinauf. Maik fährt zügig und konzentriert und sie merkt ihm an, dass ihm das Fahren Spaß macht. Auf der Bergspitze angekommen hält er kurz und sie haben eine grandiose Aussicht. Nichts als Ruhe, Einöde, Sandwege, Kurven und weit unten das Meer! Sandra atmet tief und lächelt. Wie klein und unscheinbar ihre Sorgen jetzt gerade sind! Und wie weit weg Frankfurt auf einmal für sie ist! Sie fühlt sich glücklich und frei.

Maik fährt weiter und es geht auf der anderen Seite des Berges über viele Kurven hinunter ans Meer. Dort stellen sie den Jeep ab und laufen einige Zeit am Meer entlang. Die Brandung und die Wellen sind hier ungleich kräftiger als da, wo sie bisher war. Es ist eine gewaltige Energie zu spüren, eine Urkraft, die schwer zu bändigen ist und die einen zugleich in ihren Bann zieht.

„Verstehst Du, warum ich mit Dir an diesen Ort gefahren bin?", fragt Maik. „Bei diesen Naturgewalten spüren wir, wie klein wir selbst und wie unbedeutend unsere Sorgen sind. Vieles ist auf einmal völlig unbedeutend. Das Einzige, was zählt, ist das Leben! Und das lässt sich nicht immer steuern. Manchmal muss man einfach loslassen – weil die Natur viel mächtiger ist!"

Sandra nickt mit dem Kopf. Ihr bisheriges Leben ist ganz weit weg. Alles was sie belastet ist im Moment unwichtig. Ihre Anspannung lässt spürbar nach.

Beide machen eine Pause, setzen sich in den Sand und sagen eine Weile kein Wort. Zu intensiv sind die Eindrücke. Sie sitzen einfach nur da, trinken einen Schluck Wasser, gehen im Meer schwimmen, liegen in der Sonne. Nach mehreren Stunden beschließen sie, wieder aufzubrechen und zurückzufahren. Beide strahlen und genießen die Fahrt. Die Sonne und die frische Luft haben sie müde gemacht.

Zurück auf der asphaltierten Straße hält Maik im nächsten größeren Ort an, nachdem er nach längerem Suchen einen Parkplatz gefunden hat. Beide steigen aus und stehen vor einer großen Einkaufspassage.

„Was wollen wir denn hier?", fragt Sandra überrascht. Maik antwortet nicht und geht mit ihr einfach weiter. Überall sind Geschäfte. Kosmetikartikel, Kleidung, Lebensmittel, Buchläden, Restaurants ... es scheint kein Ende zu nehmen.

Nach zehn Minuten bleibt Sandra stehen. „Maik, müssen wir hier sein? Du machst den ganzen Ausflug und die intensiven Eindrücke kaputt! Jede Menge Geschäfte mit unnötigem Zeug! Das ist ja wie zuhause!"

„Ich dachte schon, Du stoppst mich nie! Auch das gehört zu unserem Ausflug! Was Du hier siehst, das ist Dein bisheriges Leben! Hektik und viele oberflächliche Dinge, von denen man kaum etwas wirklich braucht!

Du warst jetzt nur ein paar Stunden mit mir unterwegs, hast Dich auf eine Fahrt mit viel Natur und Einfachheit eingelassen und schon sind Dir Menschenmengen und Shopping-Zentren zu viel. Für heute hast Du viel gelernt!

Natürlich wirst Du in Zukunft nicht völlig ohne das alles leben. Aber Du hast eine andere Einstellung dazu gewonnen und wirst Dein Denken verändern. Du wirst sensibler werden und mehr auf Dich achten!"

Sandra schaut ihn nachdenklich an. Wie macht er das nur? Alles, was er tut und sagt, wirkt spontan und aus dem Moment heraus entstanden - aber es ist durchdacht, einfach und wirkungsvoll! Er bringt sie auf seine Art geradezu spielerisch voran - ohne jeden Stress - und sie fragt sich, wieso sie selbst so lange über etwas nachdenken muss, worauf er sofort eine Antwort hat.

Maik bemerkt ihr Grübeln und sagt: „Fast alle Menschen stecken in ihrem Lebensrhythmus fest und machen einfach immer weiter wie bisher. Sie hinterfragen nichts! Sie sind nicht wirklich zufrieden und glücklich - aber sie wissen auch nicht, wo sie ansetzen sollen, wenn sie ihr Leben entscheidend verbessern möchten! Also lassen sie es irgendwie laufen, denn ganz so schlimm ist es ja auch nicht und bisher hat das ja irgendwie funktioniert. Aber ist das erstrebenswert?"

„Nein, das ist es wirklich nicht!", antwortet Sandra. „Du hast das ziemlich hart formuliert, aber es stimmt. Vielleicht funktioniert unser ganzes System nur deshalb, weil fast alle diesen Trott mitmachen, ohne darüber nachzudenken!"

„Das sehe ich auch so! Kaum jemandem ist wirklich klar, wo seine Prioritäten liegen! Daraus folgt, dass die meisten Menschen den größten Teil ihrer Zeit in die falschen Dinge investieren!

Somit ist es wichtig, die eigenen Prioritäten zu kennen und entsprechend zu handeln. Hast Du das erreicht, dann wird Dein Leben einfacher und entspannter. Die Einfachheit der Dinge ist von grundlegender Bedeutung. Je mehr Belastungen Du hast, desto komplizierter ist Dein Leben. Und je komplizierter Dein Leben ist, desto weniger Überblick hast Du und umso chaotischer lebst Du! Wie willst Du etwas verändern, wenn Du nicht weißt, wo Du stehst und wohin Du willst?"

Sandra ist erschöpft von dem Ausflug, aber gleichzeitig arbeitet es in ihr. Einerseits braucht sie eine Pause und will sich ausruhen, andererseits will sie immer mehr wissen, mehr von sich erfahren und ihren künftigen Weg finden.

Maik macht ihr einen Vorschlag. „Ich merke, dass Du ungeduldig bist. Ungeduldig mit Dir selbst. Aber ich habe Dir schon einmal gesagt, dass das Ganze ein Lernprozess ist. Lass diesen Tag auf Dich einwirken. Ich bringe Dich jetzt zurück zum Hotel. Dort kannst Du Dir Deine Notizen machen, aber bitte knapp! Und danach entspann Dich, ruhe Dich aus und unternimm etwas das Dir Spaß macht!"

„In Ordnung! Dann sehen wir uns morgen wieder?"

„Nein! Morgen hast Du sozusagen frei! Und damit meine ich: Dein Kopf ist frei, Dein Kalender ist leer, Dein Notebook bleibt aus und Dein Smartphone auch! Tue nur das, was Dir spontan einfällt! Fahr meinetwegen zum Hafen und bestell Dir in einem einfachen Lokal ein landestypisches Essen. Oder lauf zum Leuchtturm und fotografiere oder male ihn. Schreib ein Gedicht, wenn Dir danach ist. Wenn Du einen frei laufenden Hund triffst, dann spiel mit ihm. Sei unterwegs und mach das, was Dir gerade in den Kopf kommt! Was auch immer … sei spontan und denke nicht über mögliche Folgen nach. Jedes Kind ist spontan und sammelt andauernd neue Eindrücke. Aber je älter wir werden, umso mehr vergessen wir das!"

„Ich muss Dir zustimmen! Alles, was Du sagst, trifft auf mich zu. Aber wenn ich morgen nichts tun soll und wir uns übermorgen sehen, wann soll ich dann die Aufgaben lösen, die Du mir gestellt hast?"

„Wenn Du morgen so handelst, wie ich denke, dann wird irgendwann der Moment kommen, an dem Dir ein paar wichtige Dinge einfallen. Das notierst Du Dir kurz. Nimm am besten nur einen einzigen Zettel mit. Denk an die Einfachheit! Es soll keine wissenschaftliche Arbeit werden. Ach ja, mache nur wenige Dinge, die aber ganz bewusst! Dein Ergebnis wird nicht umso besser, je mehr Du unternimmst – es hängt davon ab, *was* Du unternimmst! Du bist kein japanischer Tourist, der innerhalb von 48 Stunden ganz Deutschland erkunden will!"

Sandra muss lachen und beide verabschieden sich. „Danke für diesen Tag, ich bin wirklich beeindruckt!"

„Dann bis übermorgen!"

Am nächsten Morgen frühstückt Sandra in aller Ruhe und überlegt. Spontan sein soll ich … nicht zu viel machen … alles, was ich mache, ganz bewusst tun …

Also gut, denkt sie sich und fährt mit dem Jeep los. Ihr einziges Ziel ist es, raus aus dem Ort zu fahren und sich ein stilles Plätzchen irgendwo in der Natur zu suchen. Nach ungefähr 20 Minuten Fahrt sieht sie zufällig einen Sandweg, der ans Wasser zu führen scheint. Sie folgt dem Weg und ist nach kurzer Zeit an einem kleinen Parkplatz direkt am Strand. Sie schaut sich um. Um sie herum leichte Dünen, ein paar Bungalows die mitten in die Landschaft gebaut zu sein scheinen, das Meer und die Wellen, das Tosen der Brandung, ein paar Surfer in der Nähe, die Sonne und sonst nichts. Nur wenige Menschen, keine Souvenirläden, keine Imbissbuden und keine Strandverkäufer – einfach fantastisch!

Sandra geht im Meer schwimmen, trocknet sich ab, ölt sich ein, trinkt einen Schluck Wasser, legt sich auf ihr Handtuch und schließt die Augen. Nach wenigen Minuten setzt sie sich wieder hin. Es wäre zu schade, die wunderschöne Umgebung nicht zu sehen! Das alles hier ist pure Energie, denkt sie und verspürt eine viel zu lange in Vergessenheit geratene Lebenslust. Sie strahlt und ist wahnsinnig dankbar für diesen Moment.

Als sie daran denkt, wie oft sie sich teure Dinge gekauft hat die ihr überhaupt nicht gefallen haben, sondern einfach nur ein *Musthave* waren, kommen ihr fast die Tränen. Die wenigen Tage vor Ort haben sie schon jetzt so sehr verändert, dass sie nie mehr diejenige sein wird, die sie noch vor ein paar Tagen war. Aber sie ist nicht traurig darüber, ganz im Gegenteil. Sie hat den Eindruck, dass ihr Leben jetzt erst beginnt!

Eigentlich wollte sie an diesem Strand nur einen kurzen Stopp einlegen. Aber inzwischen gefällt es ihr hier so gut, dass sie beschließt, bis zum Abend zu bleiben. Sandra schaut in den blauen Himmel und sieht, wie die Wolken an ihr vorüberziehen. Als Kind konnte sie das stundenlang tun. Maik hat recht. Man vergisst mit den Jahren viele wunderschöne Eindrücke aus der Kindheit und legt auch diese Unbefangenheit früher oder später ab, ohne es zu bemerken.

Sandra schaut sich weiter um. Sie spürt den Wind auf ihrer Haut, nimmt den Salzgeruch des Meerwassers wahr und hört das Aufklatschen der Wellen. Es ist eine gewaltige Energie zu spüren und sie verspürt den Wunsch, sich vom Wind treiben zu lassen. Sie nimmt eine Handvoll Sand in die Hand und lässt ihn über ihre Beine rieseln.

Danach sammelt Sandra ein paar Kieselsteine und Muscheln und betrachtet sie genau. Warum mache ich das jetzt erst wieder, fragt sie sich. Wenn man sich auf die einfachen Dinge einlässt, sind viele Gedanken und Sorgen überflüssig und ganz weit weg!

Die Dünen, die Kargheit und die Weite versetzen sie gedanklich in eine andere Welt. Abenteuerbücher gehen ihr durch den Kopf und sie denkt an *Lawrence von Arabien*. Es ist unendlich lange her, dass sie ihre Gedanken derart ziehen lassen konnte. Sie ist mit sich zufrieden und verspürt ein Gefühl wunderbarer Leichtigkeit.

Sandra holt einen Stift und ein Blatt Papier aus ihrem Rucksack und will ein paar Gedanken zu Papier bringen. Sie kann nur mit Mühe schnell genug schreiben, um nichts zu vergessen.

„Ich schaffe Klarheit in all meinen Lebensbereichen. Alle Bereiche sind mir gleich wichtig. Ich bin mir wichtig und achte künftig auf mich. Meine früheren Wünsche sind heute bedeutungslos.

Glück und Zufriedenheit sind unabhängig von Geld und Luxus. Ich werde ab jetzt nur noch die Dinge tun, zu denen ich stehe und die ich gerne mache. Um die richtigen Entscheidungen zu treffen, muss ich loslassen und Spontanität zulassen. Weniger ist mehr! Ich stehe heute am Anfang meines neuen Lebens!"

Sandra nickt zufrieden. Sich auf die wesentlichen Dinge zu fokussieren vereinfacht das Leben auf eine wunderbare Art. Sie hat jetzt nur einen kleinen Zettel beschrieben, der aber alles Wichtige aussagt. Mehr ist nicht nötig. Das wird Maik sicher gefallen.

Allmählich geht die Sonne unter. Es gibt kaum etwas Schöneres als beobachten zu können, wie nach einem herrlichen Tag die

Sonne langsam im Meer versinkt. Das Spiel der Farben ist immer wieder unbeschreiblich schön und macht jeden Tag zu einem unvergesslichen Erlebnis. Mit dem letzten Funken Helligkeit läuft sie zum Jeep und fährt zurück ins Hotel. Ein kurzes Essen, ein kleiner Drink und sie geht auf ihr Zimmer. Sandra will allein sein. Hektik und Lärm würden jetzt nur ihre Stimmung verderben. Nach wenigen Minuten auf der Terrasse geht sie ins Bett. Sie ist todmüde und erschöpft, aber glücklich. Ich sollte mal wieder Gitarre spielen, sind ihre letzten Gedanken, bevor sie einschläft.

Am nächsten Tag fährt sie nach dem Frühstück direkt zu Maik. Er sitzt bereits in der Taverne und winkt ihr zu, als er sie sieht. Sie begrüßen sich und Sandra legt ihm grinsend ihren Zettel von gestern auf den Tisch sowie einen Kieselstein und eine Muschel.

„Was ist das?", fragt Maik scheinheilig und grinst.

„Du hattest wie immer recht!", sagt sie. „Ich war gestern spontan, habe nur sehr wenig unternommen und alles ganz bewusst wahrgenommen. Es war ein besonderes Erlebnis für mich und ganz plötzlich wusste ich, was ich will und was nicht. Natürlich muss ich noch mehr in die Tiefe gehen. Aber die Basis ist da!"

Maik ist sichtlich erfreut und sieht seine Methode bestätigt. „Wir hätten von Beginn an jeden Tag ein Foto von Dir machen sollen. Du veränderst Dich von Tag zu Tag und hast bereits eine viel positivere Ausstrahlung!"

Sandra freut sich über das Kompliment und erzählt ihm von den vielen Gedanken und Eindrücken des gestrigen Tages. „Ein Gedanke lässt mich nicht mehr los. Ich spüre, dass ab jetzt nichts mehr so sein wird wie bisher und ich bin froh darüber. Aber wenn ich mich so sehr verändere, was ist dann mit meinen bisherigen Freunden?"

„Entspann Dich und lasse es auf Dich zukommen! Dein gesamtes Umfeld wird überrascht sein! Eine Folge Deiner Veränderung ist es, dass Du künftig manche Dinge ablehnst oder nicht mehr mit Dir geschehen lässt. Einige Menschen werden sich von Dir trennen, einige werden bleiben und andere werden in Dein Leben treten. Du wirst künftig die passenden Menschen in Dein Leben ziehen und um Dich haben!

Vergleiche es mit einer langen Bahnfahrt! Du steigst ein, ein paar andere Menschen ebenso. Dann gibt es einige Zwischenstopps. Manche steigen aus, manche fahren weiter mit Dir, einige bis ans Ziel. Zwischendurch steigen neue Menschen ein und vielleicht auch wieder aus. Du kannst das nicht beeinflussen. Das heißt, eigentlich schon – wenn Du tust, was andere Menschen wollen und wenn Du nicht Dein eigenes Leben führst. Aber diese Phase Deines Lebens ist ja vorbei!"

„Stimmt! Deine Antwort ist bestechend einfach! Wieder einmal frage ich mich, wieso ich nicht selbst auf die Lösung gekommen bin!"

„Weil Du nicht genug Abstand dazu hast! So wie ein Therapeut sich nicht selbst therapieren kann, stehst Du Dir teilweise selbst im Weg. Deshalb kann Dich ein Außenstehender wie ich gut unterstützen. Ich finde nicht die Lösung für Dich, ich zeige Dir nur die richtige Richtung!

Und damit ist unser erster Punkt erledigt! Du hast Deine neue Basis gefunden und weißt inzwischen, warum und wofür Du etwas verändern willst in Deinem Leben - oder siehst Du das anders? Du hast genug Motivation, um es durchzuziehen! Wir haben den ersten von fünf Punkten spielerisch erreicht, ohne Druck und völlig unverkrampft. Jetzt sag mir, wie es Dir damit geht, und ich sag Dir, was wir heute noch machen!"

„Ich bin entspannt, fühle mich unendlich leicht und bin begeistert!"

„Genau das wollte ich erreichen! Wir beide genießen jetzt den Rest des Tages! Du bist schließlich im Urlaub! Was magst Du lieber? Den ruhigen Strand oder einen Klub mit lauter Musik?"

Sandra muss lachen. Beide gehen den Strand entlang und verspü-
ren tiefe Zufriedenheit. Ein richtig guter Tag geht dem Ende entgegen.

„Eine Frage habe ich noch!", sagt Sandra, bevor sie sich verabschieden. „Der erste Punkt ist ja nun geklärt. Wie geht es jetzt
weiter?"

„Das wirst Du morgen erfahren! Nur so viel dazu: Es geht darum,
den Weg zu finden, der für Dich richtig ist. Damit meine ich, dass
Du allein entscheiden musst, in welche Richtung Deine Reise geht
und in welchem Umfang Du bereit bist, Dich zu verändern. Du
musst also herausfinden, wohin Du willst und wie hoch Dein Einsatz sein soll. Aber wie gesagt, mehr dazu dann morgen!"

Fazit:

- Vor einem Neubeginn musst Du wissen, wo Du stehst!
- Kümmere Dich um alle Bereiche Deines Lebens!
- Kenne Deine Lebensziele und Herzenswünsche!
- Denke geradlinig und habe klare Gedanken!
- Sei offen für Neues und erlaube Dir, loszulassen!

Auf dem Weg zu sich selbst

Als Sandra und Maik am nächsten Tag wieder zusammen sind, hat sie viele Fragen.

„Maik, Du hast gestern gesagt, dass ich entscheiden muss, welche Richtung ich künftig einschlagen will. Irgendwann hast Du einmal eine Straße mit verschiedenen Abzweigungsmöglichkeiten erwähnt. Wenn ich das Beispiel auf mich beziehe, dann fahre ich doch schon länger eine Einbahnstraße entlang. Umkehren ist nicht möglich. Wo sind denn da meine Entscheidungsmöglichkeiten?"

„Achte auf Deine Sicht der Dinge! Erstens gibt es auch bei einer Einbahnstraße Abzweigungen, die irgendwann in eine völlig andere Richtung führen können. Und zweitens solltest *Du* das Steuer in der Hand haben und kein anderer Mensch. So wie Du es schilderst, gibt es nur eine Sackgasse und Du kannst nicht wenden. Mit dieser Sichtweise bist Du nur ein willenloser Spielball.

Je stärker Du Dich verändern willst, desto mehr musst Du dabei beachten. Jede Veränderung ist möglich, wenn Du es wirklich willst! Deine Ziele können sehr groß sein – Hauptsache, sie sind erreichbar!"

„Wie ist das jetzt wieder gemeint?"

„Menschen lassen sich mehr motivieren, wenn sie ein *großes* Ziel haben. Um ein einfaches Beispiel zu nehmen: Mal angenommen, Dein Traum wäre eine eigene Immobilie. Um diesen Traum zu verwirklichen, musst Du sehr viel arbeiten. Was würde Dich auf Dauer mehr motivieren? Der Gedanke an ein Penthouse in Bad Homburg oder an eine Zweizimmerwohnung in Offenbach?

„Ich habe verstanden! Und was ist mit der Erreichbarkeit?"

„Na ja, es darf nicht unrealistisch sein. Wenn ich jetzt das Ziel hätte, in zwei Jahren Boxweltmeister zu sein, dann ist das unrea-

listisch und unerreichbar, egal wie sehr ich mich anstrenge. Er-
gebnis wäre also nur völlige Erschöpfung und Frust. Also: Dein
Ziel kann und soll anspruchsvoll sein, aber nicht unrealistisch. Wo
Deine Grenze liegt, kannst nur Du wissen. Ich kann Dich auf dem
Weg nur unterstützen.

Du stehst heute an einem ganz bestimmten Punkt in Deinem Leben. Mal angenommen, Dein Ziel war immer, dass Dein Leben
geradlinig verläuft. Aber deshalb musst Du nicht bis zur Rente genau so leben wie bisher! Du entscheidest, welchen Weg Du gehst
und ob er gut und richtig für Dich ist!

Auf den ersten Blick kannst Du es Dir einfach machen. Wenn Veränderung für Dich nichts weiter bedeutet als ein anderer stressi-
ger Job und ein anderer Ort, dann kannst Du das schnell umsetzen. Aber glücklich wirst Du damit nicht werden!"

„Du meinst also, was auf den ersten Blick einfach aussieht, bringt
mich nicht weiter. Es verändert das Leben nicht wirklich und
macht mich somit nicht glücklich?"

„Stimmt! Je intensiver Du an diesem Punkt nachdenkst, umso
leichter kann Dein künftiges Leben sein! Es ist anstrengend, weil
Du genau analysieren musst, wie Deine gegenwärtige Lebenssi-
tuation aussieht. Und dann musst Du erneut eine Entscheidung
treffen. Gestern hast Du Dich dafür entschieden, Dein Leben zu
verändern. Jetzt geht es darum, *wie viel* Du wirklich zu ändern
bereit bist."

„Mir fehlt irgendwie der Einstiegspunkt. Ich brauche etwas, womit
ich beginnen kann!"

„Es gibt natürlich verschiedene Ansatzpunkte. Ich selbst habe zu-
erst meine finanzielle Situation betrachtet. Wie hoch sind meine
Einnahmen, wie sicher sind sie, wie lange kann ich ohne meinen
Beruf auszuüben überleben? Dann habe ich überschlagen, wie viel
Geld ich jeden Monat ausgebe und wofür. Die meisten Menschen
haben an dieser Stelle keinen Überblick. Auch ich habe mir früher

keine Gedanken darüber gemacht, solange genug Geld da war. Aber so schaffst Du die Grundlage für Deine künftige Freiheit!"

„Kannst Du mir ein Beispiel nennen?"

„Klar! Ich habe unterschieden zwischen Geld, das ich ausgeben *muss* und Geld, das ich *unnötigerweise* ausgebe. Das Ergebnis war für mich ziemlich erschreckend. Aber Du kannst beide Seiten verändern. Je mehr Du jetzt zu reduzieren bereit bist, umso freier wird Dein künftiges Leben sein!"

„Ich weiß gerade nicht, worauf Du hinaus willst. Klar kann ich den einen oder anderen Cocktailabend streichen. Ich muss auch nicht Essen gehen, sondern kann selbst kochen. Aber was ist mit dem Rest?"

„Ganz einfach! Was kostet Dich Deine Wohnung? Was zahlst Du für Dein Auto? Wie sieht es aus mit Essen? Welche Versicherungen hast Du? All das sind Dinge, die Du auf den ersten Blick brauchst. Shoppen, Designerklamotten, neue Smartphones sind nicht wirklich nötig. Du entscheidest, wie wichtig Dir das ist. Je mehr Du davon kaufst, umso abhängiger wirst Du!"

„Das bedeutet, dass ich wissen muss, wie viel Geld ich wofür ausgebe. Ausgaben für Dinge, die nicht lebensnotwendig sind, kann ich reduzieren. Und der Umfang hängt von mir ab."

„Ja, und von Deiner Einstellung zu all den Dingen. Aber etwas Entscheidendes hast Du übersehen! Die Ausgaben, die lebensnotwendig sind, kannst Du ebenfalls reduzieren! Klar musst Du irgendwo leben und brauchst vielleicht ein Auto. Aber musst Du in einer großen Wohnung in einem teuren Viertel wohnen, wenn Du vor lauter Arbeit kaum dort bist? Brauchst Du ein teures Cabrio, wenn Du meist nur innerorts unterwegs bist und ein Kleinwagen viel praktischer wäre? Was ist Dir wichtiger? Showeffekt oder Freiheit?"

„Gut, jetzt habe ich verstanden, wie ich vorgehen muss. Ich bin gespannt auf mein Ergebnis."

„Notiere Dir einfach, welche Kosten Du insgesamt hast und wieviel Geld Du für Dinge ausgibst, die Du nicht wirklich brauchst. Danach mache Dir Gedanken darüber, wie viel *Freude* Du dadurch hattest, dass Du einen bestimmten Gegenstand gekauft oder irgendetwas unternommen hast. Der Wochenendtrip nach Paris, das 30. Paar Schuhe ... was auch immer ... wie viel besser ging es Dir dadurch? Hat es Dich *glücklich* gemacht - und wenn ja, wie lange?

Auf dieser Basis kannst Du bei jedem einzelnen Punkt entscheiden, ob es sich rückblickend für Dich gelohnt hat. Das Resultat ist dann die Basis für Deine künftige Lebensplanung!"

„Ich denke, ich soll nicht planen!"

„Du sollst nicht *zu viel* planen und nicht alles zu einem Projekt machen, das dann aufgrund der vielen Pläne niemals beginnt! Die Grundlage *musst* Du natürlich planen. Angenommen, Du stellst fest, dass Du jeden Monat € 2.000 sparen könntest ohne dass sich Deine Lebensqualität spürbar verschlechtert – wäre das motivierend für Dich? Wenn Du ein paar Jahre so lebst, hast Du die finanzielle Basis für einen Neubeginn. Wenn Dir Dein Job keine Freude mehr bereitet, ist es dann besser, noch ein paar Jahre durchzuhalten und danach ein komplett neues Leben zu führen, oder würdest Du lieber den ungeliebten Job bis zur Rente machen?"

„So habe ich das noch nicht betrachtet. Ich habe wirklich viel Geld unnötigerweise ausgegeben. Frustkäufe eben. Dadurch habe ich auch kaum Rücklagen. Nur einen besseren Notgroschen."

„Noch etwas: Wenn Du bei den Dingen anfängst, die Du bereits besitzt und Dich fragst, ob Du sie wirklich benötigst oder ob sie Dir gefallen, dann entwickelst Du damit eine andere Denkweise für die Zukunft!

Du kannst entscheiden, ob Du bei Dir zuhause „entrümpelst" oder nicht. Aber wenn Du Dich *dafür* entscheidest und es konsequent durchziehst, dann wird Dein Veränderungsprozess noch grösser sein!

Mir fällt dabei ein uraltes Zitat ein. Es lautet „*In einem aufgeräumten Zimmer ist auch die Seele aufgeräumt*" und ist von *Ernst von Feuchtersleben.* Wenn Du Ordnung in Deinem Haus oder in Deiner Wohnung geschaffen hast, dann ist Dein Kopf frei, um auch Klarheit über Deine größten Wünsche und Ziele zu bekommen. So wie es in Deinem Haus aussieht, sieht es auch in Dir aus! Zeige mir, wie Du lebst und ich sage Dir, wie Du Dich fühlst!

Für Dich ist es jetzt wichtig, die Dinge *einfacher* zu sehen. Du wirst in den nächsten Tagen einige Erfahrungen machen und hast dann die Möglichkeit, Dich zu entscheiden. Betrachte die Dinge mit Abstand, ohne sie zu bewerten! Versuche, nicht über alles nachzudenken! Nimm alles wahr und spüre, was es in Dir auslöst. Keine Sorge, es geht nur darum, dass Du Dich selbst besser kennenlernst!"

„Das klingt gut! Aber ich denke, es wird schwierig, wirklich einfach zu denken ..."

„Probiere es aus und denke nicht darüber nach! Je komplizierter wir denken und handeln, desto schwieriger wird es, sich zu ändern. Im Alltag neigen wir dazu, alles gleichzeitig zu tun, und nennen das dann stolz *Multitasking*. Aber im Endeffekt machen wir nichts zu 100 Prozent! Deine Aufgabe ist es jetzt, immer nur eine Sache zu machen, die dann aber ganz bewusst. Wenn Du Dich voll darauf konzentrierst, dann hast Du eine ganz andere Motivation und wirst dadurch auch ganz andere Ergebnisse erzielen!

Das ist ähnlich wie das ewige Planen. Seitdem ich damit aufgehört habe, für alles einen perfekten Plan zu entwickeln, verläuft mein Leben viel klarer und einfacher. Ich plane so gut wie gar nicht. Ich ziehe die richtigen Menschen an. Es wird genau das passieren, was ich in mein Leben rufe. Klingt sehr esoterisch, ich weiß – aber für mich stimmt es! Was zählt, ist der Erfolg. Wie Du ihn erreichst, ist egal. Und was für Dich Erfolg ist, das ist einzig und allein *Deine* Entscheidung!

Während Du planst, passiert draußen das Leben! Ich vereinfache die Dinge. Je einfacher ich denke, umso klarer ist meine Richtung und umso besser ist das Ergebnis. Je komplizierter ich gedacht habe, umso schwieriger war mein Leben. Erst als ich das geändert habe, ist bei mir der Knoten geplatzt. Glaub mir, ich weiß, wovon ich rede!

Wen interessiert es, was andere Menschen über Dich denken? Es ist *Dein* Leben – und nur Du hast das Recht, darüber zu bestimmen!"

„Ich muss viel darüber nachdenken. Aber ich stimme Dir völlig zu. Wie machen wir jetzt weiter?"

„Für heute hast Du genug Ansatzpunkte. Denk darüber nach, in welchem Umfang Du Dir Vereinfachungen in Deinem Leben vorstellen kannst. In den nächsten Tagen werden wir einige Dinge unternehmen und wir werden sehen, ob und wie sehr Du Dich darauf einlässt. Ich will wissen, worüber Du Dich freuen kannst und wie Du auf manche Dinge reagierst. Wir machen ein paar Ausflüge, dann kommt ein Tag, an dem Du nur Zeit für Dich hast und am nächsten Tag wirst Du mir sagen können, wohin Du willst und was Du erreichen möchtest."

„Gut! Ich danke Dir sehr, denn Du findest auf jede meiner Fragen eine passende Antwort. Was wollen wir heute noch machen?"

„Trinken wir noch einen Kaffee zusammen! Danach fährst Du am besten ins Hotel oder an einen Platz, der Dich inspiriert. Was Dir fehlt, sind Ruhe und Abstand. Ich unterstütze Dich sehr gerne, aber Du brauchst genug Kraft und Energie, um später Deinen Weg allein gehen zu können – auch wenn Dir einmal andere Menschen im Weg stehen!"

Als Sandra schließlich zurück zum Hotel fährt, ist es früher Abend. Sie geht ans Wasser, läuft barfuß durch den Sand, sammelt ein paar Muscheln und muss lachen, als sie durch eine besonders hohe Welle völlig nass wird. Früher wäre ihr das nie passiert – und wenn doch, dann hätte sie sich deswegen aufgeregt. Jetzt merkt sie, wie egal ihr das ist. Sie spürt, wie gut ihr die Veränderung tut, und genießt es. Wie schön wäre es, jeden Tag so leben zu können und solche Gefühle zu haben!

Ein paar Hundert Meter weiter sieht sie eine Gruppe junger Männer und Frauen am Strand. Einige spielen Bongo und Gitarre, andere tanzen dazu, lachen, trinken einen Schluck Wein. Sandra bleibt stehen und betrachtet das Treiben. Wie wunderbar leicht und unbeschwert alle sind, denkt sie. Wo ist bloß die Leichtigkeit von früher geblieben? Es war bewusstes Leben aus dem Moment heraus - ohne immer gleich über die Folgen nachzudenken. Es war eine Kombination aus Arbeit und Verrücktheit. Arbeiten, um Geld zu verdienen, und Verrücktheit beim Geld ausgeben. Es war *Leben*! Hatte nicht früher einmal ihr Vater gesagt: „Wir leben nicht, um zu arbeiten. Wir arbeiten, um zu leben!"?

Einige aus der Gruppe bemerken, wie Sandra stehen geblieben ist. Sie winken sie zu sich und schließlich geht sie zu ihnen.

„Setz Dich doch zu uns! Gefällt Dir unsere Musik?"

„Ja, das auch! Ihr seid so herrlich spontan und locker. Mir gefällt alles. Ihr *lebt* einfach und man merkt, dass ihr Spaß habt! Ich breche gerade aus meinem „Hamsterrad" aus und muss erst wieder lernen, mich über einfache Dinge zu freuen."

Eine der Frauen umarmt Sandra. „Ich bin Jenny. Komm und setz Dich zu mir! Schalt einfach mal ab! Magst Du einen Schluck Wein?"

„Ich bin Sandra. Ja, gerne! Soll ich uns etwas zu trinken holen?"

„Nicht nötig, wir haben alles, was wir brauchen! Und wenn wir nichts mehr haben, überlegen wir dann, was wir tun. Lebe einfach im Moment! Du verpasst bestimmt nirgendwo etwas!"

Sandra und Jenny lehnen sich aneinander, hören die Musik, trinken einen Schluck Wein und sind weit weg von allem. Im Hintergrund das Rauschen des Meeres, ein paar Wortfetzen, Gelächter, einige springen unter lautem Gelächter ins Meer ... es ist der perfekte Ausklang für den Tag! Sandra kann sich nicht erinnern, wann sie zuletzt einen so tollen Abend hatte – und das spontan und ohne Geld auszugeben! Sie ist erschöpft von den vielen Eindrücken, den intensiven Gefühlen und der tollen Stimmung. Zugleich wünscht sie, dass der Abend nie endet.

Jenny spürt, wie bewegt Sandra ist. „Du hast anscheinend eine Menge hinter Dir. Schön dass Du bei uns bist! Wo schläfst Du hier eigentlich?"

Sandra zeigt in Richtung ihres Hotels und will dabei gewohnheitsmäßig auf ihre Uhr schauen. Sie bemerkt, dass sie keine Uhr mehr am Arm trägt und muss lachen.

„In dem Luxusbunker machst Du Urlaub? Meine Güte! Immerhin trägst Du keine Uhr mehr im Urlaub, das ist ein guter Anfang!"

Sandra muss wiederholt lachen und erzählt Jenny mehr von Ihrem bisherigen Leben, ihrer unerwarteten Trennung und dem Wunsch, ihre wahren Lebensziele zu finden und etwas völlig Neues zu beginnen.

„Cool, dass jemand über dreißig den Mumm hat, sich zu verändern! Respekt!"

„Na hör mal! Ich bin ja nicht scheintot!"

„Die meisten Menschen benehmen sich aber so, als wären sie scheintot! Sie funktionieren nur noch und haben null Spaß im Leben! Aber wofür lebe ich dann überhaupt noch?"

„Was machst Du eigentlich im normalen Leben – ich meine, wenn Du nicht im Urlaub bist?"

„Das hier *ist* mein normales Leben! Ich suche meinen eigenen Weg. Keine Ahnung, wie lange das noch dauert. Aber ich finanziere mein Leben selbst und bin unabhängig ... sehr zum Ärger meiner Eltern! Ich brauche nur wenig Geld, lebe bescheiden und ich habe meine Freiheit."

„Magst Du mir mehr darüber erzählen?"

„Also pass auf! Ich bin sozusagen ein verwöhntes Einzelkind. Meine Eltern sind reich und haben das ausgenutzt, um Druck zu machen und um mich auf den Weg zu bringen, der ihrer Meinung nach richtig für mich ist. Meine Wünsche und Bedürfnisse interessieren sie nicht. Alles funktioniert nach dem Prinzip „Wenn Du machst, was ich sage, dann wirst Du dafür belohnt. Oder anders ausgedrückt: *Wer das Geld hat, hat die Macht!*". Der Spruch ist übrigens Original-Ton meines Vaters!"

Sandra schluckt. Auch sie war eigentlich nie danach gefragt worden, was sie wirklich wollte.

Jenny fährt fort: „Wir sind eine Apotheker-Familie. Meine Eltern, meine Großeltern auch. Ich bin das einzige Kind und rate mal, was ich werden sollte?"

„Ich kann es mir denken ..."

„Ich mag aber keine Apotheken, keine Pharmazie und auch keine Medizin. Es interessiert mich einfach nicht und ich sollte mich dafür auch nicht entschuldigen müssen. Es kam aber nie die Frage, ob *ich* das will. Bis zum Abitur habe ich brav alles gemacht, was meine Eltern von mir erwartet haben. Ich habe sogar den Notendurchschnitt für das Studium geschafft. Als Belohnung gab es dann einen Luxusurlaub und ein cooles Auto – natürlich verbunden mit der Auflage, danach das Studium zu beginnen.

Den Urlaub habe ich gemacht, zusammen mit ein paar Freundinnen. Dabei habe ich bemerkt, wie oberflächlich sie alle sind. Es ging ihnen nur um Geld und Statussymbole. Nach dem Urlaub wollte ich das Auto nicht mehr und habe meinen Eltern gesagt, dass ich nicht an die Uni gehen werde. Mein Vater hat mir sofort den Geldhahn zugedreht, damit ich „wieder *zur Vernunft komme*".

Ich bin dann sofort ausgezogen. Zur Vernunft gekommen bin ich allerdings bis heute nicht – zumindest aus Sicht meiner Eltern. Meinen Vater hat es wohl am meisten geärgert, dass er keine Macht mehr über mich hatte. Meine Sachen waren ganz schnell gepackt – Papiere, mein eigenes Geld, ein paar Klamotten und wenige Dinge, die mir wichtig sind. Alles Übrige habe ich zurückgelassen. Meine Kreditkarte habe ich ihm auf den Tisch gelegt.

Dann bin ich zuerst für ein paar Wochen in eine WG gezogen, 500 Kilometer weit weg von meinen Eltern. Danach war ich ein Jahr lang freiwillig im Ausland tätig. Später habe ich einen Sommer lang als Animateurin in einem Clubhotel in der Karibik gearbeitet und Geld verdient für ein paar Monate auf Bali. Dann bin ich drei Jahre lang um die halbe Welt gereist und habe *„Work and Travel"* gemacht. Nun bin ich hier gelandet.

Demnächst werde ich 25 und möchte mich allmählich verändern. Irgendwann kam der Moment, als ich mich danach gesehnt habe, an einem festen Ort zu leben, etwas mein Zuhause nennen zu können und beruflich etwas zu tun, was mir gefällt und wovon ich gut leben kann. Mir ist noch nicht klar, was das ist. Aber es soll Spaß machen, einen wirklichen Nutzen bringen und ich möchte die richtigen Menschen in meiner Nähe haben.“

„Es ist toll, wie Du darüber sprichst! Ich merke Dir an, wie wichtig Dir Deine Wünsche sind. Ich spüre das, weil ich ja gerade selbst danach suche. Aber fehlt Dir Deine Familie nicht doch?“

„Ja, sicher! Aber ich bin nun mal das schwarze Schaf der Familie. Wenn wir mal telefonieren, dann höre ich nach 30 Sekunden nichts als Vorwürfe! Ein Treffen wäre für mich nur schwer zu ertragen!“

„Wäre eine Versöhnung mit Deinen Eltern denn keine Erleichterung für Dich?“

„Ich muss mich nicht versöhnen. Ich habe nichts getan! Ich habe lediglich selbst über mein Leben entschieden. Zu dem Zeitpunkt war ich schon lange erwachsen. Wenn überhaupt, dann müsste der erste Schritt von meinen Eltern kommen! Ich habe bis heute immerhin fünf Jahre so gelebt, wie es mir gefällt. Das bedeutet aber auch, dass ich die 20 Jahre davor nur eine Marionette war. “

„Wir sollten wohl alle besser im Moment leben. Wieso soll ich ewig weit in die Zukunft planen, die ich vielleicht niemals erlebe?"

„Ich habe mir damals gesagt, je früher ich mein Leben ändere, desto einfacher ist es für mich! Später stecke ich zu sehr im Alltag fest. Meine Familie hat mir die Luft zum Atmen genommen. Ich war wie entmündigt. Ich wäre krank und depressiv geworden.

Vielleicht haben sie mich inzwischen enterbt. Aber ich bin stolz auf mich, denn ich lebe mein eigenes Leben! Vorher kam ich mir nur wie ein Zuschauer vor. Kannst Du Dir vorstellen, dass Dich Deine eigenen Eltern niemals danach fragen, was Du Dir wirklich wünschst oder was Dir gefällt und was nicht?"

„Ja, das kann ich! Im Prinzip war es bei mir auch nicht anders. Nur haben die tollen Geschenke gefehlt. Ich konnte nie wirklich mit meinen Freundinnen mithalten. Eine andere Form der Abhängigkeit eben."

Inzwischen ist es drei Uhr morgens. Sandra überlegt, was sie tun soll. Sie ist überhaupt nicht müde und möchte die Nacht nicht enden lassen.

„Jenny, wo schläfst Du eigentlich? Ich möchte Dich nicht aus den Augen verlieren. Ich würde unser Gespräch gerne fortführen."

„Wir haben alle zusammen ein kleines Haus am Strand gemietet, ein paar Kilometer von hier. Oder vielmehr die meisten von uns. Einige wohnen in einem Van."

„Wann sehen wir uns wieder?"

„Morgen um diese Zeit. Oder übermorgen …"

„Bist Du über WhatsApp erreichbar?"

„Nein. Ich nutze keine Social Media mehr. Ich möchte nicht ständig erreichbar sein, denn sonst hätte ich keine Ruhe vor meinen Eltern. Sie würden andauernd versuchen, mich zu manipulieren."

„Du schränkst Dich ein, damit Deine Eltern Dich nicht erreichen können. Damit manipulieren sie Dich aber auch!"

„Stimmt! Andererseits kann ich auf diese Art mein eigenes Leben führen. Das ist es mir wert!"

„Das sind harte Worte, aber ich verstehe Dich. Es berührt mich wirklich. Magst Du vielleicht heute bei mir im Hotel übernachten?"

„Nein danke - ich brauche Luft zum Atmen! Zuviel Luxus erinnert mich an früher und bringt mich nur durcheinander. Falls wir uns hier nicht treffen, dann lauf den Strand entlang zu unserem Haus. Dort stehen nur wenige Häuser. Frag Dich durch und wenn ich nicht da bin, dann hinterlasse eine Nachricht!"

Sandra lächelt. „Früher hatten wir ja auch keine Handys. Wenn wir jemanden treffen wollten, dann sind wir zu ihm gegangen und haben einfach geklingelt. Du lebst ein schräges, aber sehr cooles Leben! Ich geh dann mal. Es wäre schön, wenn wir uns wieder-sehen."

„Das werden wir! War ein toller Abend!"

Sandra geht zum Hotel, legt sich hin und schläft nach wenigen Minuten ein.

Als sie am nächsten Morgen aufwacht, fühlt sie sich erschöpft, glücklich und unternehmungslustig zugleich. Ein Gefühl tiefer Dankbarkeit bemächtigt sich ihrer und sie genießt den Moment, das Geräusch der Wellen, den Geruch des Meerwassers, den hel-len Sand, den blauen Himmel und die karge Schönheit der Insel.

Es kann kein Zufall sein, dass ich ausgerechnet hier gelandet bin, denkt sie.

„Weniger ist mehr und ich genieße die Einfachheit. Vor einer Wo-che hätte ich das nie geglaubt. Ich verändere mich mit Riesen-schritten – und das macht mich glücklich!", schreibt sie in ihren Notizblock.

Sandra frühstückt kurz und fährt direkt zu Maik. Eigentlich bräuchte ich das Hotel überhaupt nicht - ich nutze fast nichts davon und freue mich darüber, geht ihr durch den Kopf.

Nach einer herzlichen Begrüßung erzählt sie Maik von dem beeindruckenden Abend mit Jenny und dem tollen Gespräch. Er nickt und sagt: „Offensichtlich hast Du so etwas wie eine Seelenverwandte getroffen. Das ist das, was ich gemeint habe, als ich gesagt habe, dass ich die Dinge auf mich zukommen lasse. Irgendwann tritt der richtige Mensch in Dein Leben. Du ziehst ihn an. Es ist wie Magie. Du kannst das nicht steuern. Hättest Du diesen Menschen vor ein paar Jahren getroffen, dann hättet ihr euch nichts zu sagen gehabt. Aber jetzt ist die Zeit reif dafür!"

„Übrigens habe ich darüber nachgedacht, was Du mir gesagt hast. Wie sehr ich dazu bereit bin, mein Leben zu vereinfachen. Ich habe mir bisher kaum Notizen gemacht, das war überhaupt nicht nötig. Im Augenblick möchte ich alles um mich herum einfach nur stark vereinfachen. Wie ich das genau mache und wo ich in Zukunft leben will, darüber muss ich mir noch Gedanken machen. In jedem Fall werde ich meine Wohnung auflösen, das teure Auto abgeben, alles was ich besitze durchsehen und mich von sehr vielen Dingen trennen. Je weniger ich um mich herum angesammelt habe, desto freier bin ich in meinen Entscheidungen!"

„Damit bist Du bereits einen großen Schritt weiter, was Deine Zukunft betrifft. Wie denkst Du über Deine jetzige Arbeit? Oder über eine neue Beziehung?"

„Meinen Beruf will ich auf Dauer nicht mehr ausüben. Vielleicht mache ich das noch ein paar Jahre und spare etwas Geld an. Aber dann will ich etwas völlig Neues beginnen. Ich bin mir bis jetzt noch nicht darüber klar, was es sein wird. Ich habe früher einige Dinge sehr geliebt und muss erst wieder das Gefühl dafür bekommen. Ja, und an eine neue Beziehung denke ich momentan nicht. Ich suche niemanden und lasse alles auf mich zukommen."

„Gute Einstellung! Mir fällt auf, dass Du Dir selbst nicht mehr diesen Termindruck machst. Es tut Dir gut, einfacher zu denken und alles Komplizierte zu streichen!"

„Danke! Was machen wir eigentlich heute?"

„Ich habe ja letztens schon gesagt, dass es für Dich in diesen Tagen darum geht, neue Eindrücke zu gewinnen und zu schauen, wie Du darauf reagierst. Je offener Du für neue Dinge bist, desto größer sind Deine Möglichkeiten!

Du wirst dabei ein paar Menschen kennenlernen, die sehr einfach leben. Bei mir war es auch so, und das war gut für mich. Ich war als Berufsanfänger viel unterwegs, in verschiedenen Ländern und teuren Hotels. Dann war ich privat in Mexiko-Stadt und habe extreme Gegensätze zwischen arm und reich gesehen. Einerseits Luxusgeschäfte, in denen ein paar verrückte Cowboystiefel $ 400,- gekostet haben, andererseits Kinder unter zehn Jahren, die sich ihr Geld damit verdient haben, während der Rotphase der Ampeln Autoscheiben zu putzen. Das hat mich wirklich nachdenklich gemacht und bewegt mich noch heute. Ich schaue auf niemanden herab, der arm ist. Es kann jeden treffen. Diese Erfahrung hat mich vor Arroganz und Überheblichkeit bewahrt."

„Etwas so zu erleben verändert einen Menschen ganz bestimmt. Aber die meisten schauen weg, weil es nicht in unser Weltbild passt. Alle wollen nur die schöne heile Welt sehen. Da passen negative Dinge nicht hinein. Also spenden sie lieber anonym an irgendeine Stiftung anstatt persönlich zu helfen und etwas zu bewirken!"

„Ich glaube immer mehr, dass Du Dein Leben stark verändern wirst. So wie Du jetzt denkst und redest, wirkst Du ganz anders als vorher. Aber jetzt lass uns fahren!"

Maik startet seinen Jeep. Beide steigen ein und fahren über schmale Nebenwege durch mehrere kleine Orte. Nach etwa einer Stunde biegt Maik ab und fährt einen Sandweg entlang.

„Wir besuchen jetzt meinen Freund Micha. Er hat sich mit seiner Gartenbau-Firma viele Jahre um die Gartenanlagen teurer Villen gekümmert. Irgendwann wurde es ihm zu viel. Preisdruck, nicht zahlende Kunden, Angestellte die entweder nicht zur Arbeit kommen oder nur dann arbeiten, wenn man daneben steht ... heute züchtet er besondere Kakteen und hat durch seine Beziehungen genug Kunden. Er arbeitet weniger, hat mehr Ruhe, kein finanzielles Risiko und ist zufrieden und glücklich."

Inzwischen sind sie bei Micha angekommen. Sandra schaut sich um. Micha hat sich hier im Hinterland ein kleines Paradies geschaffen. Eine wunderschöne kleine Finca inmitten von unzähligen Kakteen. Dazwischen überall Bäume, Büsche und Sträucher. Sie begrüßen sich und Maik erklärt, warum Sandra auf der Insel ist und warum er sie mitgebracht hat.

„Es ist schön, zu hören, dass es auch andere Menschen gibt, die ihr Denken und ihre Ziele ändern. Was ich hier tue, ist Arbeit. Aber es macht mir Freude. Ich genieße jeden Tag. Ich schaue nicht andauernd auf den Kalender, wann endlich Wochenende ist oder wie lange es bis zum nächsten Urlaub dauert. Ich will überhaupt nicht mehr verreisen. Ich habe hier mein wahres Zuhause gefunden. Mag sein, dass es viel schönere Orte auf der Welt gibt. Aber nicht für mich. Für mich ist das hier mein kleines Paradies. Ich suche nicht mehr weiter. Das ist in doppelter Hinsicht entspannend."

Sandra ist bewegt von seinen Worten. „Das merkt man Dir auch an. Du strahlst totale Gelassenheit und Zufriedenheit aus. Als würdest Du in Dir selbst ruhen. Genau dieses Gefühl hatte ich vom ersten Moment an auch bei Maik."

„Ja, wir liegen auf einer Wellenlänge. Was wir beide abgelegt haben, ist Hektik. Meine Kakteen brauchen Zeit. Für mich ist das keine Arbeit. Ich züchte sie, ich pflege sie, ich bewässere sie und sehe, wie sie wachsen. Es ist ein langsamer Fluss der Zeit. Wenn ich mag, dann gehe ich reiten. Ich ernähre mich anders als früher und mache nicht mehr so viele Dinge gleichzeitig. Dieses Leben hier möchte ich nicht mehr missen!"

„Aber lebst Du hier völlig allein? Ist Dir das nicht manchmal zu einsam? Die Ruhe und die Natur sind beeindruckend. Aber ich bräuchte noch jemanden in meiner Nähe, zumindest manchmal."

„Ich konnte schon immer gut allein sein. Natürlich wäre es schön, wenn ich mein Leben mit jemandem teilen könnte. Aber diesen Menschen zu finden ist nicht ganz einfach und ich bin lieber allein als mit der falschen Person zusammen. Irgendwann wird sich alles klären."

„Das wünsche ich Dir! Ich hatte immer nur wenige Menschen in meinem Umfeld. Aber ohne sie konnte ich mir mein Leben nicht vorstellen. Jetzt wo ich plötzlich Single bin, merke ich, dass ich nur eine einzige gute Freundin habe und sonst niemanden, der mir wirklich wichtig ist. Und die Zeit wird zeigen, ob wir in Zukunft immer noch so gut zusammenpassen."

„Wenn nicht, dann wirst Du andere Menschen kennenlernen. Das Leben ist Veränderung! Und sicher wäre es schön, wenn ich hier nicht allein wäre. Aber wie viele Frauen kennst Du, die gerne ohne Luxus im Hinterland auf einer kleinen Finca leben möchten? Das ist schon ein wenig kompliziert."

„Bis vor ein paar Tagen kannte ich nicht eine! Aber gestern habe ich eine ganze Gruppe kennengelernt, die völlig anders leben, als wir es vom normalen Alltag her gewohnt sind. Vielleicht gibt es ganz viele von Ihnen und wir bemerken sie nur nicht, weil sie sich alle ganz woanders aufhalten."

Nach ein paar Stunden verabschieden sich Sandra und Maik von Micha und fahren weiter. Unterwegs halten sie an einem Aussichtspunkt und steigen aus. Sie laufen ein paar Schritte und sehen ein paar kleine Tiere, die Eichhörnchen ähneln.

„Was sind das für Tiere?", fragt Sandra.

„Das sind Atlashörnchen. Deshalb habe ich hier angehalten. Diese Tiere überleben in dieser kargen Landschaft. Sie ernähren sich überwiegend von Pflanzen und benötigen kein Wasser. Irgendwann waren sie plötzlich hier auf der Insel und mit der Zeit wurden es immer mehr. Inzwischen gelten sie schon fast als Plage. Ich wollte sie Dir zeigen als ein Beispiel dafür, dass man zum Überleben nur ganz wenig braucht."

Beide steigen wieder in den Wagen und fahren zurück ans Meer. Nach einiger Zeit hält Maik am Straßenrand an. Sie sind kilometerweit entfernt vom nächsten Ort. Auf der einen Seite der Straße ist ein paar Hundert Meter entfernt das Meer zu sehen, auf der anderen Seite nicht enden wollende Dünen und der feine weiße Sand.

„Das hier sind die Wanderdünen! Es wirkt ein wenig wie die Wüste im Kleinformat. Du kannst an einigen Orten sogar Kameltouren buchen. Die Kamele sind auch ein gutes Beispiel dafür, mit wie wenig ein Überleben möglich ist. Sie sind Pflanzenfresser und können bis zu 30 Tage ohne Nahrung und bis zu drei Wochen ohne Wasser auskommen. Wir Menschen loben die Technik und den Fortschritt, aber die meisten von uns würden in einer Gegend wie dieser ohne Vorräte keine drei Tage überleben."

„Je mehr ich darüber nachdenke, umso verrückter kommt mir unser normaler Alltag jetzt vor. Irgendwann hat mal jemand damit begonnen und alle haben es nachgemacht. Mit der Zeit wurde dann alles immer komplizierter!"

„Ja, aber jeder von uns hat es in der Hand, etwas für sich zu ändern. Er muss dann eben die Konsequenzen tragen. Lass uns eine Weile die Dünen entlanglaufen. Es ist ideal, um gedanklich runterzukommen. Du läufst zwangsläufig langsam, es ist anstrengend und Du konzentrierst Dich nur noch auf das Laufen."

Nach gut 30 Minuten bleiben beide stehen und schauen sich um. Der Ausblick ist beeindruckend. Die Straße ist von dort nicht zu sehen. Überall nur Sand und in der Ferne das Meer. Dazu die

Sonne und der blaue Himmel. Im Zusammenspiel wirkt alles völlig surreal. Faszinierend, beruhigend und anregend zugleich. Beide setzen sich in den Sand, trinken einen Schluck Wasser und beobachten die Wolken, wie sie an ihnen vorüberziehen. Sandra empfndet tiefe Lebensfreude und ist völlig entspannt.

Tief in Gedanken versunken steht sie auf, als Maik meint, dass sie wieder weiterfahren sollten. Schweigend gehen sie zurück zum Wagen. Jedes einzelne Wort würde jetzt die wunderbare Stimmung zerstören.

Nach einigen Kilometern Fahrt sagt Sandra: „Maik, ich fand die Begegnung mit Deinem Freund Micha heute unheimlich schön. Er lebt zwar einsam und recht bescheiden, aber Sorgen ums Überleben muss er sich ja nicht machen. Wie ist es denn bei Dir? Du widmest mir viel Zeit und bist offenbar nicht darauf angewiesen, Geld zu verdienen. Dann habt ihr aber eine ganz andere Basis für eure Freiheit. Es ist doch ein großer Unterschied, ob ich mir wegen Geld keine Gedanken machen muss oder ob ich jeden Monat einen bestimmten Betrag verdienen muss, um zu überleben."

„Wenn Du willst, zeige ich Dir, wie ich lebe! Du hast recht, ich muss nicht arbeiten. Nach meinem Ausstieg aus dem Berufsleben habe ich ja alles verkauft und habe mir dann meine kleine Finca gekauft. Ich habe ungefähr 70 Quadratmeter Wohnfläche und eine Dachterrasse, die genauso groß ist. Hier spielt sich das meiste Leben im Freien ab. Dann habe ich noch einen kleinen Innenhof und eine Garage. Dort restauriere ich ein altes Segelboot und baue ein altes Geländemotorrad wieder zusammen. Ich fotografiere viel. Ab und zu verkaufe ich Fotos an Verlage. Alles, was ich gekauft habe war günstig. Ich habe nicht viele Möbel. Auch Geschirr, Töpfe und das alles − ich habe nur das, was ich wirklich brauche.

Zum Leben reichen mir € 1.000 im Monat. Ich habe Rücklagen und muss mir die nächsten 20 Jahre keine Gedanken machen. Das klingt jetzt nach immensem Reichtum, es ist aber nicht so. In meinem alten Leben hätte ich diese Rücklagen in spätestens zwei Jahren ausgegeben! Bescheiden leben, aber glücklich und ohne

Zwänge ist mir ungleich lieber als das unwirkliche Leben, das ich früher geführt habe!

Glaub mir, es gibt nichts, was mir fehlt! Ach ja, seitdem ich hier lebe, habe ich nie wieder einen Arzt aufgesucht! Ich kenne einfach zu viele Menschen, denen es nicht wirklich schlecht ging und die nach einem Routineeingriff plötzlich gestorben sind."

Inzwischen sind sie bei Maik angekommen. Seine Finca liegt in einem kleinen Hafenort, malerisch eingebettet zwischen anderen landestypischen Häusern. Der ganze Ort wirkt, als wäre die Zeit stehen geblieben. Alles wirkt dörflich, alt, einfach ... und gemütlich!

Als sie aussteigen, winken ihnen ein paar Nachbarn zu. Maik winkt zurück und sagt: „Hier leben einfache Menschen, die entspannt, ehrlich und herzlich sind. Jeder hilft jedem und niemand ist neidisch. Hier interessiert niemanden, wer das bessere Auto hat. Ein Auto ist hier Fortbewegungsmittel und Nutzfahrzeug. Es muss seinen Zweck erfüllen, sonst nichts. Wenn es eine Beule hat, dann ist das so. Es interessiert niemanden.

Es ist ein toller Zusammenhalt hier! Nach einem Sturmschaden oder Wasserrohrbruch hilft jeder jedem. Alle kommen von sich aus und helfen, solange es nötig ist. Egal wie lange es dauert. Ist jemand krank, dann wird er bekocht und unterstützt, wo immer es nötig ist. Es wird Dir warm ums Herz, wenn Du das erlebst! Ich habe diese Menschen in mein Herz geschlossen!

Aber auch im Normalfall ... plötzlich bringt Dir ein Nachbar ein paar Tapas ... Du holst eine Flasche Wein und ihr sitzt spontan zusammen und habt einen tollen Abend. Ich könnte nicht mehr wie früher leben, mit Tennisklub, Cocktailempfängen und arroganten Nachbarn! Um keinen Preis der Welt möchte ich von hier weg!"

„Auf mich wirkt das alles ruhig, wunderschön und irgendwie beschützt. Es gibt einem ein richtig gutes Gefühl!"

Als Maik Sandra seine Finca zeigt, ist sie schwer beeindruckt. „Es ist klein und urgemütlich. Alles strahlt eine Wärme aus, die mich berührt. Hier ist *Leben!* Bei mir zuhause ist es schick, wenn Du ein steriles Heim im Fabrikstil hast. Innen nur glatter Beton, alles grau und wie im Baumarkt!"

Maik lacht. „Danke! Natürlich habe ich es leicht, weil ich ja nicht mehr arbeiten muss. Aber trotzdem habe ich mich für diese Einfachheit entschieden. Die Alternative wäre ein Altherren-Golf-Resort mit jeder Menge Luxus und hohen laufenden Kosten gewesen, weswegen ich dann wieder Geld verdienen müsste. Keine Frage, ich habe keine Sekunde überlegt.

Ich habe doch mal meine übrig gebliebenen Freunde erwähnt, die mich auch hier besuchen. Was denkst Du? Als ich Ihnen vorgerechnet habe, mit wie viel Geld ich hier den Rest meines Lebens verbringen kann, da wurden sie alle still! Ich habe gemerkt, wie sie nachgedacht und geschluckt haben und plötzlich anfingen zu rechnen. *Jeder* von ihnen denkt inzwischen darüber nach, auch so zu leben wie ich. Aber leider denken sie nur darüber nach und handeln nicht. Am bequemsten ist es ja, nichts zu verändern! Ich hoffe nur, dass sie nicht alle so weiterleben wie bisher!"

Maik kommt wieder mit einer Flasche Ron Miel, dem typischen Honigrum, und gießt Sandra und sich ein Glas davon ein. Dazu stellt er eine kleine Platte mit Tapas auf den Tisch – frisches Brot, Wurst, Käse und Oliven. Beide prosten sich zu und genießen den Blick auf das Meer. Es ist Erholung pur!

„Bleib doch einfach hier über Nacht! Morgen machen wir den nächsten Ausflug und können gleich von hier starten. Ich habe genug Platz und morgen früh weißt Du, dass Du kein 5-Sterne-Hotel zum Übernachten brauchst."

Sandra muss lachen. „Aber was ist mit meinem Hotel und meinem Leihwagen?"

„Du hast Dein Hotelzimmer bezahlt. Also kannst Du auch entscheiden, ob Du dort schläfst oder nicht! Und der Leihwagen wird morgen auch noch dort stehen, wo Du ihn heute abgestellt hast. Falls nicht, überlegen wir dann, was zu tun ist.

Fast alle Menschen machen sich zu viele Gedanken über Situationen, die niemals eintreten. Das ist verlorene Zeit und lähmt Dich nur. Die im Hotel merken, dass Deine Sachen noch in Deinem Zimmer sind. Das Auto vermisst Dich nicht. Also wo ist das Problem?"

„Du hast recht - ich bleibe gerne!"

„Das freut mich! Weißt Du, wenn Du Dich auf dieses Leben einlässt, dann wirst Du mit der Zeit immer mehr Dinge immer weniger vermissen! Ich liebe es, morgens aufzustehen und spontan entscheiden zu können, was ich unternehme!

Ich habe keinen Druck und niemand zwingt mich zu etwas. Wenn ich will, arbeite ich ein paar Stunden an dem Segelboot. Ich arbeite gerne mit natürlichen Materialien wie Holz. Diesen Kunststoffbooten kann ich nicht viel abgewinnen. Aber ich kann auch drei Tage lang einfach mal nichts tun oder am Meer Fische fangen ohne mich gleich schlecht zu fühlen. Was auch immer – genau das verstehe ich unter Freiheit und Lebensqualität!"

„Und was sagen Deine Ex und Deine Tochter dazu?"

„Meine Ex hat wieder geheiratet. Ihr jetziger Mann bietet ihr noch mehr Luxus. Ob sie sich lieben oder ob sie nur eine Zweckgemeinschaft sind, kann ich nicht sagen. Das geht mich auch nichts an. Wir leben inzwischen in völlig verschiedenen Welten und sie hat sich nie bemüht, meine jetzige Welt kennenzulernen.

Meine Tochter profitiert natürlich vom Vermögen ihres neuen Stiefvaters. Für mich ist das die Entscheidung zwischen Luxus und Freiheit. Beides gleichzeitig funktioniert nicht. Meine Tochter ist volljährig. Sie muss ihren Weg gehen, wie auch immer der aussieht. Irgendwie ist sie in einer ähnlichen Situation wie Deine Jenny, als sie schließlich von zuhause ausgezogen ist.

Inzwischen besucht mich meine Ex überhaupt nicht mehr. Falls sie mal auf der Insel ist, treffen wir uns irgendwo auf einen Kaffee. Sie muss natürlich im besten Hotel der Insel wohnen. Und meine Tochter kommt nur her, wenn sie alles bezahlt bekommt. Sie kam noch nie auf die Idee, mich mal allein zu besuchen."

„Das klingt traurig! Es tut mir weh, wenn ich das höre und mir vorstelle, wie Du Dich dabei fühlen musst."

„So ist das Leben! Mit den Jahren habe ich mich immer mehr gegen Normen gewehrt. Angefangen bei der Kleidung. Ob es der typische Golfdress ist oder der Business-Anzug mit Krawatte ... im Prinzip ist es nichts anderes als eine Uniform. Ich trage zum Beispiel unter keinen Umständen mehr eine Krawatte.

Ich habe mir auch angewöhnt, alles nur noch bar zu bezahlen. Ich habe nirgendwo Schulden und nirgendwo einen Kredit. Es gibt in meinem Leben kein Leasing und keine Hypothek. Niemand kann mir Druck machen. Die Finca ist bezahlt. Strom bekomme ich über eine Solaranlage. Heizung brauche ich nicht. Wasser bekomme ich über einen eigenen Brunnen. Luxus wie einen eigenen Pool brauche ich auch nicht. Da vorne ist das Meer. Dort kann ich schwimmen und spüre echte Wellen und die Brandung!

Für mich ist es unbeschreiblich beruhigend zu wissen, dass mich nichts aus der Bahn werfen kann. Im schlimmsten Fall könnte ich in der Nachbarschaft einige Arbeiten erledigen und hätte immer genug zum Überleben. Ich kann auch ohne Auto leben. Ich könnte selbst angeln. Ich würde ewig so leben können. Das ist meine eigene Art der Lebensversicherung!"

„Aber was ist, wenn Du ernsthaft krank wirst?"

„Ich habe eine Krankenversicherung. Aber hier werde ich nicht krank. Hier habe ich ein wunderbares Klima. Die mediterrane Kost ist gesund und schmeckt mir. Ein Gläschen Wein oder eine Cerveza tun mir gut. Die Luft, die Sonne, das Wasser … hier habe ich keine Beschwerden! Es geht mir gut und ich fühle mich jeden Tag besser. Und wenn ich todkrank werden würde, dann möchte ich auf keinen Fall mehrere Jahre in einem deutschen Pflegeheim leben und dort auf das Ende warten – abhängig von Ärzten und überarbeiteten Pflegern. Und überhaupt – wenn ich mir vorstelle, zusammen mit hundert anderen Menschen in einem Heim zu leben, wo nur noch über Krankheiten geredet wird … das wäre für mich keine Lebensqualität mehr!"

„Vielleicht sind auch die Medien daran schuld, dass wir so sicherheitsbewusst denken. Man bekommt ja schon ein schlechtes Gewissen, wenn man nicht alle möglichen Versicherungen abgeschlossen hat."

„Versicherungen wollen Geld verdienen. Also suggeriert die Werbung, dass sich jeder verantwortungsvolle Mensch gegen alles Mögliche absichern muss. Am besten schließt Du auch noch eine Sterbeversicherung ab, damit Deine Kinder durch Deinen Tod nicht finanziell belastet werden. Außerdem leben Ärzte von *kranken* Patienten. Wenn alle Patienten gesund wären, dann wären die Ärzte pleite. Es macht betriebswirtschaftlich gesehen wenig Sinn, dass Dich ein Arzt heilt. Du gehst zu ihm, bist danach beschwerdefrei und kommst nie wieder. Wenn er Dir dagegen Medikamente gibt die Deine Beschwerden unterdrücken und nicht die Ursache bekämpfen, dann hat er Dich als Dauerpatient und verdient mehr und länger an Dir."

„Deine Art zu leben überzeugt mich immer mehr. Wie ist es nur möglich, dass ich nach wenigen Tagen völlig andere Wünsche und Bedürfnisse habe?"

„Dein Herz und Deine Seele haben sich schon lange danach gesehnt. Du hast es bisher nur nicht bemerkt oder Du hast Deine Wünsche unterdrückt!"

„Mir kommt es so vor, als hätte ich eine grundlegende Angst vor Veränderung. Im Hinterkopf ist immer wieder der Gedanke „Aber was ist, wenn …?". Es ist wie eine Blockade! Wenn ich darüber nachdenke, dann kann ich mich über mich selbst ärgern. Immer dieser Gedanke, dass man unbedingt auf *„Nummer sicher"* gehen muss!"

„Wenn Dich der Gedanke nicht loslässt, dann denk daran, dass Deutschland ein Sozialstaat ist! Besorg Dir ein bezahltes Ticket nach Deutschland mit offenem Datum und betrachte das als Deine Versicherung für den absoluten Notfall!"

„So habe ich das noch nie gesehen. Aber es stimmt! Der Gedanke daran ist beruhigend!"

„Ich denke, für heute hast Du viel Neues erfahren. Ich bin müde und Du sicher auch. In solchen Nächten schlafe ich gerne hier auf der Dachterrasse. Wenn Du magst, hole ich uns zwei Schlafsäcke. Es ist traumhaft schön hier!"

Maik hat eine große Liegelandschaft auf der Terrasse. Beide legen sich hin, kriechen in ihre Schlafsäcke und schlafen nach wenigen Minuten ein. Das Letzte, was Sandra noch sieht, sind der Sternenhimmel und der leuchtende Mond.

Am nächsten Morgen wacht Maik vom Geruch frischen Kaffees und frischer Croissants auf. Er setzt sich an den Tisch und strahlt. „Guten Morgen! Was für ein toller Start in den Tag!"

„Guten Morgen! Endlich kann ich mal etwas für Dich tun, auch wenn es nur eine Kleinigkeit ist!"

„Vergiss dieses gegenrechnen! Wenn Du etwas Gutes tust, dann bekommst Du es auch zurück. Nur nicht unbedingt sofort und auch nicht von derselben Person."

„Es ist mir einfach ein Bedürfnis. Übrigens war es gar nicht so leicht, einen guten Kaffee ohne Kaffeeautomat zu kochen."

Beide frühstücken in aller Ruhe und Maik will allmählich starten. „Magst Du hier duschen oder lieber im Meer schwimmen, bevor wir losfahren?", fragt er.

„Das Meer klingt verlockend!", antwortet Sandra.

Beide gehen zum Meer, schwimmen durch die Wellen und gehen schließlich wieder zurück zur Finca. Danach starten sie und fahren mit Maiks Jeep ins Hinterland.

„Heute wirst Du zwei einheimische Schwestern kennenlernen!", sagt er. „Ich habe Maria und Soraya erstmals vor über zwei Jahren getroffen. Sie hatten ursprünglich einen kleinen Kiosk in der Stadt und haben dort Zeitschriften und Getränke verkauft. Eines Tages ist ihnen ein Hund zugelaufen, den sie sofort in ihr Herz geschlossen haben. Dann sind ihre Eltern gestorben und sie haben den Kiosk aufgegeben. Schließlich sind sie in ihr Elternhaus gezogen. Irgendwie haben die Schwestern Hunde die in Not waren magnetisch angezogen. Ich habe ein paar Spendenaktionen für sie gestartet und heute leben jede Menge Tiere bei ihnen. Auch die Behörden unterstützen die beiden Frauen. Sie leben wirklich einfach. Aber sie sagen, dass ihnen die Tiere so viel geben, dass sie kein Leben mehr ohne sie führen möchten."

„Ich liebe Hunde!", antwortet Sandra. „Ich habe nur keine Zeit, sonst hätte ich auch einen. Wenn Du einen Hund hast, dann kannst Du ihm vertrauen. Er spielt keine Spielchen und verlässt Dich nicht."

„Das ist wahr! Momentan unterstütze ich die Frauen dabei, aus ihrem Hundeheim ein Ausflugsziel zu machen. Kleingruppen können sich dort alles anschauen, einen Kaffee trinken und ein paar individuelle Souvenirs kaufen. So ist ihr Leben ein bisschen leichter."

Als sie bei den beiden Frauen ankommen, spürt Sandra eine total entspannte Stimmung. Alles ist friedlich und voller Leichtigkeit. Es müssen 30 oder 40 Hunde sein, die auf dem Gelände sind. Einige liegen faul in der Sonne, andere schlafen im Schatten, ein paar von ihnen spielen miteinander und mehrere laufen interessiert auf Sandra zu, um sie zu beschnuppern. Es dauert nicht lange und sie sitzt inmitten von mehreren Hunden, die alle unbedingt ihre volle Aufmerksamkeit haben wollen, und spielt mit ihnen.

Nach einiger Zeit macht sie eine Pause und trinkt mit Maik einen Kaffee und ein Wasser. „Das war einfach nur schön! Ich habe komplett die Zeit vergessen und an nichts gedacht als an die Hunde. Am liebsten würde ich gar nicht mehr weggehen."

„Ich wollte Dir mit diesem Besuch hier zeigen, wie wenig man mitunter braucht, um glücklich zu sein. Bei vielen Menschen fängt das Glück erst an, wenn sie ihr Traumhaus haben oder ihren Lieblingswagen fahren. Aber selbst dieses Glücksgefühl hält nicht lange an. Wahres Glück kommt anders zum Ausdruck!"

„Wahrscheinlich sind deshalb die meisten Menschen so verbittert und können sich über nichts richtig freuen. Ich bin wirklich froh, dass wir uns getroffen haben! Du hast es erreicht, dass ich heute eine ganz andere Denkweise habe als bis vor ein paar Tagen. Ich empfinde auch völlig anders. Im Geschäftsleben habe ich funktioniert und bin einfach meinen Weg gegangen, ohne Emotionen zu zeigen oder zuzulassen. Jetzt mache ich das Gegenteil und ich spüre totale Leichtigkeit, als wäre eine Mauer durchbrochen."

Maik lächelt und umarmt sie. „Tut verdammt gut, das zu hören! So etwas bei einem Menschen zu bewirken ist für mich viel wertvoller als irgendein Geschäftsabschluss. Das ist ein Paradebeispiel dafür, dass Geld allein nicht glücklich macht."

Nach zwei weiteren Stunden Aufenthalt fahren sie zurück. Während der Fahrt sagt Maik: „Du hast jetzt wirklich viele verschiedene Dinge gesehen und einige Menschen kennengelernt. Bewerte nichts davon, nimm es nur wahr und beobachte es! Ich schlage vor, dass Du nachher zurück ins Hotel fährst und mal alles nutzt, was Dir dort angeboten wird. Damit meine ich Wellness-Programm, Animation, Themenabend und was auch immer. Das ist ein kleiner Ausflug in Deine bisherige Welt und Du kannst prüfen, welche Bedeutung das jetzt noch für Dich hat.

Ich habe übrigens noch eine Idee. Setz Dich mal für 30 Minuten hin und schreib Dir auf, was Du in Deinen drei Wochen Urlaub alles gemacht hättest, wenn Du in Frankfurt geblieben wärst!"

„Ernsthaft?"

„Sicher! Wie bereits gesagt, bewerte nichts davon! Was auch immer es ist – schau es Dir einfach an!", sagt Maik grinsend.

„Okay! Morgen habe ich wieder frei und einen Tag später schließen wir dann das zweite Kapitel ab?"

„Richtig! Was Du morgen unternimmst, was und wie viel Du Dir notierst, das bleibt alles Dir überlassen. Lass Dich treiben und sei spontan! Nur übertreib es nicht! Deine Aufgabe ist es, zuerst Deine künftige Richtung zu bestimmen und danach den passenden Umfang. Wie Deine Ziele genau aussehen und wie Du sie erreichst, das kommt später!"

Beide verabschieden sich voneinander und Sandra fährt zurück zum Hotel. Dort bucht sie einen Termin im Wellness-Bereich für den nächsten Vormittag und schaut sich das aktuelle Programmangebot an. Bei dem Gedanken an Klavierabende, Tanzen und Bingo fröstelt es sie. Es werden unzählige Ausflüge angeboten, dazu Golfunterricht und Tennisstunden, Shopping, verschiedene Shows, Tanzabende und vieles mehr. Nach zehn Minuten beendet sie genervt die Suche nach dem passenden Programm und geht auf ihr Zimmer.

Dort angekommen öffnet sie ihren Kleiderschrank und sieht sich um. Der Großteil der mitgebrachten Kleidung gefällt ihr nicht mehr und erscheint ihr inzwischen völlig übertrieben. Laptop, Smartphone, teurer Schmuck ... all das stört sie nur. Sandra geht außerhalb des Hotels in eine kleine Boutique und kauft sich dort ein paar lockere und flippige Kleidungsstücke. Sie findet noch ein paar

Kleinigkeiten und als sie sich im Spiegel betrachtet, fühlt sie sich wohl, unbeschwert und deutlich jünger.

Bis jetzt war jeder Tag auf der Insel fantastisch. Sandra nimmt sich vor, den Rest des Urlaubs weiter an sich zu arbeiten und ihr Leben bewusst zu genießen. Bei ihrer Ankunft war sie skeptisch und setzte sich selbst stark unter Druck. Jetzt lebt sie in den Tag hinein und verspürt ein tiefes Glücksgefühl.

Zurück im Hotel geht sie kurz essen und entscheidet, das Abendprogramm komplett zu meiden. Was sie dagegen unbedingt möchte, ist ein Wiedersehen mit Jenny. Deshalb geht sie nach dem Essen runter zum Strand und läuft in die Richtung, wo sie vor zwei Tagen Jenny und deren Freunde kennengelernt hat. Nach einiger Zeit findet sie die Gruppe. Die meisten von ihnen spielen Beachball. Jenny bemerkt Sandra, winkt ihr zu und läuft ihr entgegen. Sie umarmen sich und Jenny sagt: „Toll, dass Du wieder da bist! Ich habe Dich gestern vermisst und dachte schon, Du kommst überhaupt nicht mehr!"

„Ich habe spontan woanders übernachtet. Du hast mir auch gefehlt und heute wollte ich Dich unbedingt wiedersehen!"

Sandra erzählt Jenny, was sie in den letzten beiden Tagen mit Maik erlebt hat und wie sehr sie die Erlebnisse beeindrucken. „Ich bin jetzt die zweite Woche hier und habe bereits mehr gelernt als in den letzten 30 Jahren! Wie ist es möglich, dass mir ein bisher völlig fremder Mensch so viel über mein eigenes Leben sagen kann?"

„Ich denke, manche Dinge sind nicht erklärbar. Akzeptiere es und freu Dich darüber!"

„Seit ich hier bin, habe ich mich komplett verändert. Anfangs hatte ich jede Menge Bedenken. Inzwischen genieße ich es! Früher war mir wichtig, was andere Menschen über mich denken. Heute bin ich nur noch auf ihre dummen Gesichter gespannt. Inzwischen gefällt mir der Gedanke, andere auch mal zu provozieren! Es ist schön, zu wissen, dass ich nicht mehr in die Pläne und Normen anderer Menschen passe!"

„Wir denken wirklich sehr ähnlich. Hast Du vielleicht eine Idee, was ich künftig machen kann?"

„Es kommt auf Deinen Einsatz an und darauf, wie viel Du erreichen willst. Wenn ich Dich richtig verstanden habe, dann bist Du jetzt Mitte 20 und hast Abitur, aber sonst keine Ausbildung. Wenn Dir jetzt ein Abschluss wichtig ist, dann sieht es natürlich anders aus, als wenn Du Geld verdienen willst mit etwas, das Dich glücklich macht. Zuerst musst Du darauf eine Antwort finden. Aber mal angenommen, Du bleibst hier: Die typischen Ideen wie Kneipe eröffnen oder T-Shirts verkaufen versprechen weder Spaß noch genug Geld. Du könntest mal über Wege nachdenken, wo Du nur Computer und Internet brauchst und wo Du keine Ausbildung nachweisen musst. Wenn Du mehr darüber wissen willst, dann gib mir Bescheid! Wie kommen eigentlich Deine Freunde hier finanziell über die Runden?"

„Das ist ganz verschieden. Straßenmusik, Flyer verteilen, selbst gebastelten Surfer-Schmuck verkaufen, für Inseltouren werben … alle machen irgendwas, wenn sie Geld brauchen. Momentan legen wir alle unser Geld zusammen und es reicht irgendwie. Es ist eine coole Gemeinschaft, aber nichts für die Ewigkeit. Überhaupt ist alles, was ich die letzten Jahre gemacht habe, nichts auf Dauer. Aber wenigstens hatte ich fünf Jahre lang Spaß, das kann mir niemand nehmen!"

„Stimmt! Die vielen Bedenken, die uns eingeimpft werden sind nur dazu da, um uns zu lähmen und in der Spur zu halten. Was hast Du eigentlich morgen vor? Wollen wir zusammen etwas unternehmen?"

„Das wäre super! Ich würde mich über eine Abwechslung riesig freuen!"

„Dann fahren wir morgen irgendwohin. Fällt Dir spontan etwas ein?"

„Ich habe mal von Ajuy gehört, das ist ein kleines Fischerdorf im Westen der Insel. Dort ist es angeblich total ruhig und der Sandstrand ist völlig schwarz."

„Klingt gut! Dann haben wir ja schon ein Ziel!"

Beide sitzen noch lange zusammen am Strand. Es gibt Momente, da bedarf es keiner Worte. Kommunikation kann auch anders erfolgen. Sich mit einem Menschen verbunden zu fühlen, sich ohne Worte zu verstehen. In völliger Harmonie mit der Umgebung zu sein. In Einklang mit der Natur. Alle Sinne öffnen und die Eindrücke genießen zu können. Sich auch an Kleinigkeiten erfreuen zu können. Kleinigkeiten, die man in der Hektik des Alltags nicht wahrnehmen würde.

Als es im Freien zu kalt wird, verabschieden sich beide voneinander und verabreden sich für den nächsten Morgen um 10:00 Uhr vor Sandras Hotel.

Wie soll ich nur wieder in Frankfurt leben, ohne Meer und ohne Sandstrand, überlegt Sandra und ist nachdenklich. Zurück im Hotel lässt sie das, was sie erlebt hat Revue passieren und macht sich ein paar knappe Notizen.

„Einfachheit macht wachsamer und lässt mich die Dinge bewusster empfinden. Ich habe Menschen kennengelernt, die jetzt bescheidener leben, dafür aber glücklich und zufrieden sind. Je unbeschwerter ich bin, desto mehr genieße ich mein Leben."

Am nächsten Morgen sieht Sandra Jenny am Eingang des Hotels und geht ihr freudig entgegen. Beide begrüßen sich, steigen in den Jeep und fahren in Richtung Ajuy. Nach etwas mehr als einer Stunde Fahrt kommen sie in dem kleinen Ort an. Alles wirkt verschlafen und ruhig. Sie stellen den Wagen ab, laufen ans Wasser und kommen schließlich an einer kargen Höhlenlandschaft an.

„Weißt Du, in letzter Zeit merke ich immer mehr, wie Trubel und Hektik uns davon ablenken, selbst nachzudenken und nicht einfach alles zu übernehmen, was die Medien uns präsentieren. Egal ob es um Berichterstattung geht oder um Dinge, die wir unbedingt kaufen sollen, wenn wir dazu gehören wollen. Als Maik erstmals von dieser Einfachheit erzählt hat, war ich skeptisch. Aber inzwischen werden meine Gedanken umso klarer, je mehr ich diese Einfachheit für mich zulasse! Verstehst Du, wie ich das meine?"

„Das geht mir auch so! Seit ich mein Elternhaus verlassen habe, kann ich klarer denken. Vorher gab es das überhaupt nicht! Und natürlich möchte jeder irgendwo dazu gehören. Aber gehörst Du momentan bei den Menschen dazu, die Du in Deinem Leben haben möchtest?"

„Inzwischen nicht mehr. Rückblickend hatte ich kaum echte Freunde oder Freundinnen. Wenn ich wieder in Frankfurt bin, dann bin ich vielleicht ganz allein. Wundern würde es mich nicht. Aber das ist auch ein Punkt der mich darin bestärkt, neu anzufangen. Wenn Dich niemand vermisst und Dir selbst niemand fehlt, dann ist es leichter, zu gehen."

„Du bist sehr entschlossen, das ist Power! Bist Du mit Deinen Plänen schon etwas weiter?"

„Ja! Ich will nicht länger in Deutschland leben und nicht mehr in meinem alten Beruf arbeiten. Was ich auf Dauer machen möchte, also mein langfristiges Ziel, daran muss ich noch arbeiten. Vielleicht werde ich mit einer Zwischenlösung beginnen, künftig hier leben und über das Internet arbeiten und mir dann in Ruhe eine Dauerlösung suchen. Ich habe Angst, dass ich Deutschland niemals verlasse, wenn ich zuerst die perfekte Lösung für mich suche."

„Ich wünschte, ich wäre auch schon so weit wie Du! Ich sehne mich nach etwas, das mir noch fremd ist. Anders kann ich es nicht erklären."

„Du bist noch jung und kannst Dir Zeit lassen. Klingt komisch, wenn gerade ich das sage. Aber Du brauchst Geduld. Je mehr Du eine Lösung zu erzwingen versuchst, desto weniger wird es funktionieren. Das erkenne ich ja gerade selbst. Es ist komisch, loszulassen und Vertrauen zu haben. Fest daran zu glauben, dass der richtige Weg von selbst in mein Leben kommt."

„Danke! Mir ist klar, dass ich nicht mein ganzes Leben so leben kann wie jetzt. Andererseits kann ich schlecht einschätzen, welche Idee gut ist und welche nicht. Mir fehlt einfach die Erfahrung."

„Die bekommst Du mit der Zeit! Falls Du dauerhaft auf der Insel bleibst, dann unterstütze ich Dich, wann immer Du willst."

„Das wäre schön! Irgendwann macht jahrelanges Herumreisen keinen Spaß mehr. Einen festen Platz haben, etwas, von dem ich aus Überzeugung sagen kann, dass es mein Zuhause ist ... genau das wünsche ich mir! Eine Arbeit, von der ich auf Dauer leben kann! Der Gedanke fühlt sich richtig gut an! Aber ich habe Angst, einen Fehler zu machen. Meine Eltern werde ich auf keinen Fall um Rat fragen!"

„Geh mit offenen Augen durch Dein Leben und schau Dich um! Wenn Dich etwas wirklich anspricht - nicht nur vom Kopf, sondern auch vom Bauch und vom Herzen, dann schau es Dir näher an! Tue das, was Du willst! Achte aber darauf, dass Du keine Trotzhandlung begehst und Dich nicht finanziell abhängig machst!"

„Mir ist klar, dass es ohne Kapital sehr schwer ist. Viel habe ich nicht, nur eine kleine Reserve. Ohne Ausbildung gibt es keine gut bezahlten Jobs. Es ist nicht einfach, etwas Vernünftiges zu finden."

„Wir hatten das Thema ja schon mal. Geld verdienen über das Internet wäre eine Option. Du musst irgendwo wohnen und brauchst Internetzugang, einen Laptop und ein paar Möbel. Vielleicht kannst Du ja schon in eurem Strandhaus starten. Du findest im Internet jede Menge Möglichkeiten, um online Geld zu verdienen. Probier es aus, Du hast im Prinzip kein Risiko und kannst nichts verlieren! Wenn Du willst, dann recherchieren wir morgen gemeinsam im Hotel!"

„Danke, sehr gerne! Seit wir uns kennen, bin ich vom Gefühl her einen Schritt weiter. Bis jetzt habe ich nur einen vagen Wunsch und Du zeigst mir Möglichkeiten und Chancen. Das macht mir Mut!"

Sandra und Jenny laufen noch eine Weile am Meer entlang, gehen zwischendurch schwimmen und kehren schließlich an dem Ort zurück, wo der Jeep steht. Nach einem Essen in einer kleinen Bodega fahren sie zurück. Beide verabschieden sich und vereinbaren ein Treffen für den nächsten Abend am Strandhaus in dem Jenny wohnt.

Zurück im Hotel macht Sandra es sich auf der Terrasse bequem, trinkt eine Kleinigkeit und macht sich ein paar Notizen für das Treffen mit Maik. Viel ist es nicht, was sie aufgeschrieben hat. Aber sie ist zufrieden mit sich und dem Tag. Auf ihrem Zettel steht:

„Ich muss nicht sofort das Ziel meines Lebens entdecken. Ich kann mein Leben jederzeit verändern und trotzdem an einem späteren Ziel arbeiten. Ich will jeden Tag meines Lebens genießen – ab sofort und nicht erst irgendwann in der Zukunft!"

Nach einer wunderbar erholsamen Nacht wacht Sandra früh auf und verlässt nach dem Frühstück schnell das Hotel, um sich mit Maik zu treffen und ihr zweites Kapitel abzuschließen. Ohne zu wissen, wie es weitergeht freut sie sich auf den nächsten Schritt. Sie ist ungeduldig und kann es nicht erwarten, voranzukommen.

Nachdem sich beide begrüßt haben, erzählt Sandra von ihrem Ausflug mit Jenny und davon, wie gut es ihr getan hat, ihre neue Freundin mit ein paar Ideen zu unterstützen. Sie erwähnt auch, dass sie sich entschieden hat, keines der vielen Hotelangebote zu nutzen.

„Ich musste es nicht ausprobieren, um zu wissen, dass ich das nicht mehr will. Ich habe sozusagen die Abkürzung genommen. Ich habe mir bildlich vorgestellt, wie es sich anfühlt, an einem Tanzabend oder einem Animationsprogramm teilzunehmen. Das hat mir gereicht. Ich brauche es nicht und ich will es nicht!"

„Okay! Und was ist mit Deinen Notizen zu einem dreiwöchigen Urlaub in Frankfurt?", fragt Maik und kann sich ein Grinsen nicht verkneifen.

„Ich habe das gedanklich kurz durchgespielt. Ich hätte jede Menge Geld ausgegeben und keinen Spaß gehabt. Aufräumen, Papierkram erledigen, shoppen, joggen gehen, Schwimmbad, Kino, Klubbesuch, Essen gehen ... lauter eintönige Sachen ... hier schaue ich auf das Meer und zuhause sehe ich nicht mal den Main."

„Du arbeitest konsequent an Dir, Respekt! Was hast Du Dir sonst noch notiert?"

„Wenig. Ich bin meiner neuen Zielrichtung treu geblieben und noch mehr in die Tiefe gegangen. Wenn ich einfacher lebe, dann lebe ich bewusster und unbeschwerter, genieße mehr und fühle mich glücklicher. Ich will mein Leben verändern. *Jetzt!*

Noch vor ein paar Tagen wollte ich erst den perfekten Plan ausarbeiten und irgendwann danach starten. Heute will ich *ab sofort* intensiv leben! Das bedeutet, dass ich mich so schnell wie möglich verändere und etwas Neues beginne!

Währenddessen kann ich weiter nach meinem Lebensziel suchen. Ein Neustart gibt mir in jedem Fall mehr Motivation und Lebensfreude. Dadurch bin ich auch kreativer."

„Das nenne ich ein klares Statement! Was bedeutet für Dich *so schnell wie möglich verändern?*"

„So schnell wie es meine Kündigungsfrist zulässt! Bei mir sind das drei Monate zum Quartalsende. Da das Quartal gerade angefangen hat, habe ich mehr als zwei Monate Zeit bis zu meiner Kündigung. Bis dahin kann ich klären, was ich alles für eine Auswanderung benötige und was ich alles verkaufen kann und nicht mitnehmen muss. Außerdem kann ich mein künftiges Online-Business starten und testen, wie gut das läuft. Ja, und ich habe noch Zeit für die Wohnungssuche hier!"

„Klingt nach einem durchdachten Plan! Du weißt jetzt, wo und wie Du leben möchtest, welchen Umfang Deine Veränderung annehmen soll und was Du machen möchtest. Du hast Deine Wünsche und Ziele noch etwas angepasst. Somit hast Du nach Deiner neuen Basis auch Deinen neuen Weg gefunden! Dann ist es jetzt Zeit, mit dem nächsten Punkt zu beginnen. Aber vorher genieße diesen Tag, lass ihn mit etwas Schönem ausklingen und belohne Dich dafür, dass Du so viel erreicht hast. Du kannst stolz auf Dich sein! Morgen fangen wir mit dem nächsten Kapitel an!"

Sandra verabschiedet sich von Maik und fährt zurück in Richtung ihres Hotels. Es ist erst früher Nachmittag und so macht sie auf halber Strecke am Meer Pause und legt sich an den Strand. Inzwischen sind diese spontanen Ideen und Ausflüge zur Normalität geworden. Sandra ist braun gebrannt und spürt, wie gut die Abwechslung, die Wärme und die Ruhe für sie sind. Endlich spürt sie sich wieder und hat Sehnsucht nach einem Leben, das so intensiv wie nur möglich ist!

Nach einer langen Pause geht sie herrlich entspannt zu ihrem Wagen und fährt den Rest der Strecke bis zum Hotel. Dort nimmt sie einen kleinen Snack zu sich, kauft ein paar Getränke und läuft zu dem Strandhaus, in dem Jenny wohnt. Als sie nach gut einer Stunde ankommt, ist sie froh, Jenny dort anzutreffen. Fast alle Mitbewohner sind irgendwo unterwegs und so können sie ungestört miteinander reden. Sandra sagt Jenny, dass ihr Blick immer klarer wird und dass sie immer genauer weiß, wie ihr künftiges Leben sein wird.

„Es sind immer weniger Fragen, die sich mir stellen. Ich spüre, was gut für mich ist und was ich aus meinem Leben streichen muss. Die Zweifel werden immer weniger. Mir ist inzwischen auch egal, wie mein bisheriges Umfeld darüber denkt. Es werden nur wenige meiner Freunde oder Bekannten davon erfahren. Ich freue mich auf jeden neuen Tag. Ich genieße ihn und möchte nicht länger meine Zeit vergeuden. Ich führe jetzt ein leichteres, unbeschwertes Leben und spüre alles ganz intensiv. Mir fällt dazu nur *„Schmetterling"* ein. Ich fühle mich, als ob ich schwebe! Von dieser Leichtigkeit habe ich immer geträumt!"

„Ich bekomme Gänsehaut, wenn ich Dich reden höre! Du bist so voller Kraft und Entschlossenheit! Als wir uns vor ein paar Tagen das erste Mal gesehen haben, da war ich mir nicht sicher, ob Du überhaupt zu uns kommst. Inzwischen kommt es mir vor, als würden wir uns schon ewig kennen. Du bist wie eine große Schwester, die ich nie hatte und die ich mir immer gewünscht habe. Gerade jetzt, wo ich keine Familie habe."

„Aber was ist mit Deinen Freunden hier? Ich dachte, sie sind so etwas wie eine Familie für Dich."

„Sie sind alle auf ihre Art großartig. Aber über manche Dinge kann ich mit ihnen nicht reden. Sie sind in einer nie endenden Partylaune. Sie wollen Spaß haben und leben zum Teil an der Realität vorbei. Die Zukunft interessiert sie nicht. Zumindest noch nicht."

„Keine Sorge, Du wirst Deinen Weg finden! Jeder findet seinen Weg, wenn er bereit ist, offen zu sein für Neues. Schau Dich mal um! Mal angenommen, Du verdienst Deinen Lebensunterhalt mit dem Computer: Würdest Du lieber hier auf der Veranda arbeiten und zwischendurch kurz ins Meer springen oder wäre es besser, irgendwo in einem Büro oder einer Wohnung mitten in einer Großstadt zu sitzen und vielleicht noch U-Bahn fahren zu müssen?"

„Da gibt es nicht viel zu überlegen, das ist kein Vergleich! Du schaffst es wirklich, Struktur in mein Leben zu bringen!"

„Das funktioniert nur, weil Du es zulässt! Wenn Du nicht bereit dafür wärst, dann würden wir niemals solche Gespräche führen können!

Setz Dich nicht unter Druck! Lass es einfach zu, dass Du immer wieder neue Eindrücke sammelst! Irgendwann wirst Du spüren, dass Du genau das gefunden hast, wonach Du suchst!"

Es ist spät geworden und Sandra will sich auf den Weg zurück ins Hotel machen. „Bitte bleib hier!", sagt Jenny. Ich möchte nicht, dass Du jetzt noch über eine Stunde allein in der Dunkelheit unterwegs bist."

Sandra lässt sich überreden, übernachtet im Strandhaus und genießt die entspannte Atmosphäre und die Einfachheit. Beide Frauen spüren eine intensive Verbundenheit und Nähe zueinander. Langsam ist auch der letzte Lichtschein verschwunden und sie schlafen ein, nahe der Wellen und der Brandung.

Am nächsten Morgen werden sie früh aus dem Schlaf gerissen, als Jennys Mitbewohner singend und lachend nach Hause kommen. Die Sonne geht gerade auf und die Stimmung ist großartig. Alle scheinen die Nacht durchgefeiert zu haben und legen sich zum Schlafen in den Schatten auf die Veranda. Sandra nutzt die Gelegenheit und geht am Strand entlang zu ihrem Hotel. Sie geht kurz duschen und fährt direkt nach ihrem Frühstück zu Maik, der sie schon erwartet.

„Hallo Maik, jetzt bin ich wirklich gespannt, welcher Punkt der nächste ist! Bitte erkläre mir, woran ich jetzt arbeiten soll!"

„Nun geht es darum, Deine eigene Einstellung zu ändern! Du bist auf dem richtigen Weg, das soll auch so bleiben. Du wirst jetzt lernen, unter allen Umständen an Dich zu glauben und keine negativen Gedanken mehr zuzulassen! Also wirst Du lernen, künftig anders zu denken!"

Fazit:

- Es ist nie zu spät, um sich zu verändern!
- Ziele sollen anspruchsvoll, aber auch erreichbar sein!
- Je mehr Du in die Tiefe gehst und Dein Leben vereinfachst, desto leichter wird Dein neues Leben!
- Je früher ich etwas ändere, desto einfacher ist es!
- Unabhängigkeit ist wichtiger als Luxus – *keep it simple!*

Die Sicht der Dinge entscheidet alles

„Bitte erzähle mir mehr darüber!"

„Modern ausgedrückt geht es darum, Dein *Mindset* zu ändern. Was ich damit meine, ist nicht zu verwechseln mit den *„tschakka-Rufen"* mancher Motivationstrainer. Es geht vielmehr darum, dass Du in jeder Situation weiterhin Deinen Weg gehst und dass Dich schwierige Zeiten nicht davon abbringen! Jetzt, wo Du neue Ideen und Impulse hast, ist es einfach für Dich, weil Du gerade hoch motiviert bist. Aber im Alltag sind die Verlockungen groß, alles auf später zu verschieben und Dich von Deinen Träumen ablenken zu lassen. Es wird immer Menschen geben, die Dich für ihre Zwecke einspannen wollen und Dich so brauchen, wie Du bisher warst."

„Ich glaube, ich verstehe Dich. Aber gib mir bitte ein paar Beispiele!"

„Du hast bestimmt schon mal ein paar verrückte Ideen gehabt und einem Freund oder einer Freundin davon erzählt. Während der Kindheit war das toll. Aber wie sieht es heute aus? Wie haben die Personen darauf reagiert?"

„Im Prinzip haben alle gesagt, dass ich weiterhin das tun soll, was ich bisher gemacht habe. Das funktioniert und alles andere ist nur ein unnötiges Risiko. Nach dem Motto *„Gehe den sicheren Weg und verändere nichts!"*.

„Aha! Kannst Du mir sagen, wie viele dieser Menschen selbst erfolgreich sind?"

„Wirklich erfolgreich ist keiner von ihnen."

„Dann hör nicht weiter auf sie! Oder anders gesagt: Wenn Du weiterhin auf sie hörst, dann bleibst Du auf Deinem bisherigen Level. Wenn alle Deine Idee verwerfen, dann mach weiter damit, denn dann bist Du auf dem richtigen Weg! Bedenkenträger sind selten erfolgreich!

Während diese Menschen noch zögern und überlegen, erreichen die Mutigen bereits ihr Ziel. Fast alle sagen, dass wir nichts verändern können. Aber der Spruch *„Das war schon immer so!"* ist *Bullshit!* Wenn das stimmen würde, dann würden wir heute noch in Höhlen leben!"

„Du hast Recht, schwierig wird es erst dann, wenn der Alltag auf einen einprasselt! Wenn ich ein festes Ziel habe, dann steuere ich darauf hin. Aber wenn es eng wird, wenn alle etwas von mir wollen, dann muss ich Prioritäten setzen. Und da gewinnt meist der Arbeitgeber. Oder die Macht der Gewohnheit setzt sich durch."

„Deshalb ist es ja auch wichtig, dass Dich während dieser Zeit jemand begleitet und unterstützt! Das ist gerade dann besonders wichtig, wenn Widerstände kommen! Manche Menschen wollen nicht, dass Du Erfolg hast! Warum? Weil sie dann damit konfrontiert werden, dass sie selbst klein geblieben sind und nichts erreicht haben!

Wie viele Menschen kennst Du, die nur Freunde haben, denen es schlechter geht als ihnen selbst? Diese Menschen sind dann diejenigen, zu denen aufgeschaut wird - und deshalb fühlen sie sich gut! Meist sind das auch genau die Menschen, die sich bei Dir nur dann melden, wenn sie etwas von Dir wollen. Sie saugen Dich aus wie ein Vampir und lähmen Dich."

„Du meinst, niemand schafft es allein, seinen persönlichen Erfolg zu erzielen?"

„Das will ich nicht behaupten. Aber es ist in jedem Fall deutlich schwerer, als wenn Du Unterstützung hast. Nehmen wir das Beispiel mit dem täglichen Joggen. Machst Du das allein, dann findest Du eher eine Ausrede oder eine Entschuldigung für Dich. Es ist zu heiß, zu kalt, zu nass, zu trocken, Du bist müde ... es gibt tausend mögliche Ausflüchte. Aber wenn Du es zu zweit machst oder in einer Gruppe und jeder, der nicht mitmacht, muss zur Strafe einen bestimmten Betrag zahlen, dann bleibst Du eher bei der Stange, oder?"

„Das stimmt allerdings!"

„Noch besser funktioniert es, wenn Du einen empfindlich hohen Betrag an eine Organisation spenden musst, die Du absolut nicht ausstehen kannst. Das ist allerdings schon etwas pervers!"

„Okay! Aber wenn ich hier wieder weg bin, wer unterstützt mich dann? Du bist hier und in Frankfurt habe ich mit Sicherheit niemanden, der mich dabei unterstützen wird, unabhängig zu werden und auszuwandern!"

"Damit hast Du eigentlich schon gesagt, dass Deine bislang beste Freundin künftig einen anderen Stellenwert für Dich einnehmen wird. Aber es wird sich alles finden. Wir können trotz der Entfernung problemlos in Kontakt bleiben, wenn Du das willst!"

„Das möchte ich gerne! Ich möchte Dich eigentlich nicht übermäßig beanspruchen, aber es wäre mir wirklich wichtig und eine große Hilfe dazu!"

„Dann machen wir das so! Ich unterstütze Dich auch nach dem Urlaub. Aber dafür habe ich eine Bitte an Dich!"

„Und die lautet?"

„Finde selbst einen Menschen, den Du ebenfalls unterstützen kannst, und gib das weiter, was Du selbst gelernt hast!"

„Ich mache das bereits mit Jenny! Sie ist inzwischen so weit, dass sie ihr Leben ebenfalls ändern will, und ich unterstütze sie dabei, soweit ich nur kann."

„Das ist großartig! Ich würde sie sehr gerne einmal kennenlernen. Bring sie doch an einem der nächsten Tage einfach mit!"

„Gerne! Sie freut sich ganz bestimmt!"

„Damit sollten wir für heute Schluss machen. Du bist sehr aufmerksam und lernst schnell. Mir machen die Gespräche mit Dir große Freude! Es ist toll, zu erleben, wie Du Dich veränderst und wie Du buchstäblich aufblühst!"

„Ich kann es immer kaum erwarten, dass wir miteinander reden. Es bringt mich jedes Mal einen Schritt weiter und ich sehe endlich eine Perspektive. Ich kenne mein Ziel noch nicht bis ins letzte Detail, aber ich kenne die Richtung und arbeite mich vorwärts."

Beide verabreden sich für den kommenden Tag und Sandra fährt los. Im nächsten größeren Ort parkt sie ihren Wagen an der Uferpromenade und läuft durch den Sand ans Wasser. Es ist ein typischer Badestrand für Touristen mit mehreren Reihen Liegestühlen und diversen Verkäufern. Sie sieht sich um und beobachtet eine Weile das Treiben. Ehepaare mit der Illustrierten in der Hand, lärmende Kinder, dazwischen ein Eismann, dann eine Gruppe Rentner von denen die meisten mit einem Eis oder mit Bratwurst und Dosenbier bewaffnet sind.

Hier gehöre ich nicht hin, denkt sie. Um nichts auf der Welt möchte sie hier jeden Urlaubstag auf einer gemieteten Liege unter einem Sonnenschirm liegen, vielleicht auch noch in der vierten oder fünften Reihe. Sandra dreht sich um und geht zurück zu ihrem Wagen. Sie weiß jetzt genau, dass diese Art Urlaub zu machen und zu leben niemals Bestandteil ihres eigenen Lebens sein wird.

Auf dem weiteren Weg zum Hotel hält sie an einem kleinen Kiosk. Sie bestellt sich einen Espresso und ein Wasser, setzt sich an einen der wenigen Tische und überlegt, was sie heute gelernt hat. Maik hat recht, denkt sie. Alle Bekannten, Kollegen und Freunde, ja selbst die eigene Familie wollen, dass ich so bleibe, wie ich bin. Aber der geradlinige Weg, von dem alle reden, ist nichts weiter als ein *Narrhallamarsch* von angepassten Mitläufern. Es gibt Schlimmeres, als zum typischen Durchschnitt zu gehören. Aber wenn Dir das nicht reicht, dann musst Du irgendwann über Deinen Schatten springen und anders sein als die anderen. Anders sein als der *Mainstream*! Anders denken! Unter Umständen auch einmal provozieren!

Aber die meisten Menschen kann niemand mehr wachrütteln. Also gehe ich meinen Weg ohne sie und trenne mich von denen, die mir das nicht zutrauen oder die mich mit ihrer Lethargie nur bremsen. Dafür werden andere Menschen in mein Leben treten. Menschen, die in mein neues Leben passen!

Sandra ist mit sich zufrieden, bezahlt ihr Getränk, fährt zurück ins Hotel und läuft an den Strand, um Jenny zu treffen. Sie finden sich dort, wo sie sich erstmals getroffen haben.

„Hallo Jenny! Ich komme gerade von Maik und er möchte Dich auch kennenlernen. Es wäre toll, wenn Du morgen mitkommst zu ihm. Momentan lerne ich, anders zu denken als früher und nicht länger auf die vielen Bremser und Nein-Sager in meinem Leben zu hören. Es geht darum, die eigene Kraft und die eigenen Stärken zu entdecken und an sich zu glauben. Das Thema ist goldrichtig für Dich."

„Wirklich? Das ist toll – ich merke ja, wie begeistert Du immer von ihm erzählst."

„Was hältst Du davon, wenn wir jetzt schwimmen gehen und dann bei mir im Hotel im Internet nach ein paar Ideen für Dich suchen? Du bleibst über Nacht da und morgen früh können wir gleich zu Maik fahren."

„Klingt super! Ich muss dann nur noch ein paar Sachen aus dem Strandhaus holen!"

„Brauchst Du nicht! Bekommst Du alles von mir. Und jetzt lass uns schwimmen gehen!"

Beide genießen das angenehm kühle Wasser und legen sich danach in die Sonne. Nach einer längeren Pause gehen sie zum Hotel und setzen sich an Sandras Laptop. Nach mehreren Stunden Recherche haben sie verschiedene Möglichkeiten gefunden, wie man über das Internet Geld verdienen kann und wie ein Gewerbe angemeldet wird. Ein erster Schritt für Jennys Zukunft ist damit getan. Inzwischen ist es längst Nacht geworden und Zeit, schlafen zu gehen und Kraft für den nächsten Tag zu sammeln.

Am folgenden Morgen stehen beide früh auf und fahren direkt los. Unterwegs hält Sandra an einem Café, um mit Jenny einen Kaffee zu trinken und frische Croissants zu essen. Am Ziel angekommen macht Sandra Maik und Jenny miteinander bekannt.

Maik sagt: „Es ist schön, Dich kennenzulernen, Jenny! Sandra hat mir erzählt, dass ihr euch gut versteht und dass sie versucht, Dich auf Deinem Weg zu unterstützen, den Du ja noch suchst. Aber das ist ein Prozess, der schrittweise abläuft. Du selbst bestimmst dabei das Tempo!"

„Danke! Ich war auch sehr gespannt auf Dich. Sandra hat mir voller Begeisterung von ihren Fortschritten erzählt und sie hat mir wirklich schon viel geholfen. Sie hat mir Mut gemacht und gestern haben wir bereits nach konkreten Möglichkeiten für mich im Internet gesucht."

„Wie geht es denn heute weiter, Maik? Ich habe ihr schon etwas über unser aktuelles Thema gesagt."

„Wir bleiben bei Deinem neuen Denken, das Dir gerade dann helfen wird, wenn Du mal Gegenwind bekommst. Dazu gehört auch, dass Du Ängste abbaust. Angst ist etwas Natürliches! Jeder Mensch hat irgendwann Angst. Angst ist manchmal gerechtfertigt. Es ist nur die Frage, wie Du mit ihr umgehst. Die Angst ist nur so groß, wie Dein Verstand es zulässt!"

„Das heißt, Angst ist etwas Gutes?"

„Grundsätzlich kommt es auf die Situation an. Wenn Du zum Beispiel Angst hättest die Straße zu überqueren, dann wäre das natürlich übertrieben. Aber wenn Du ein neues Leben beginnen und eine neue Existenz starten willst, dann ist es völlig normal, auch Angst vor dem Scheitern zu haben.

Stell Dich Deiner Angst! Stell Dir vor, dass Deine schlimmsten Befürchtungen eintreten! Was kann passieren? Du wirst in jedem Fall weiterleben und es wird sich eine Lösung finden. Aber wenn

Du Dich Deinen Ängsten stellst, dann ist Dein Kopf frei für klares Denken und für Lösungen. Anderenfalls blockiert Dich die Angst."

„Also darf ich Angst haben und muss mich ihr stellen, um sie abzubauen und um einen klaren Kopf zu bekommen?"

„Das bringt es auf den Punkt. Wenn es ein Problem gibt, dann gibt es auch eine Lösung. Daraus folgt: Wenn es keine Lösung gibt, dann gibt es auch kein Problem! Wenn Du das beherzigst, dann gibt es auch keine Ausreden mehr und Du stehst Dir nie mehr selbst im Weg!"

„Und wie unterscheide ich zwischen begründeten und unbegründeten Ängsten? Werden nicht auch ganz viele Ängste geschürt, ohne dass wir es bemerken?"

„Um die erste Frage zu beantworten: Dazu brauchst Du logisches Denken und Erfahrung! Und zur zweiten Frage: Ganz sicher ist das so! Dazu gibt es unzählige Beispiele. Denke nur an die Werbung mit ihren Versicherungen! Du musst Dich absichern ... gegen was auch immer ... sonst könnte etwas Schlimmes eintreten!

Verkaufen funktioniert, indem Bedürfnisse geweckt werden. Zum Beispiel das Bedürfnis nach Luxus oder nach Liebe. Dein Kind liebt Dich, wenn Du ihm ein bestimmtes Produkt kaufst. Mit dem Bedürfnis nach Sicherheit ist es nicht anders. Es geht nur darum, das für Dich zu erkennen und zu nutzen."

„Gut, das habe ich verstanden!"

„Wunderbar! Da wir gerade dabei sind, kritisch zu sein und nicht jeden Impuls ungeprüft aufzunehmen, hier noch ein weiterer Punkt: Bekenne Dich dazu, im Leben erfolgreich zu sein − und zwar von ganzem Herzen und nicht nur halbherzig! Glaube tief aus Deinem Inneren daran und handle auch danach!"

„Ich verstehe, was Du meinst! Aber wie setze ich das um? Wie Du selbst gesagt hast, habe ich mich positiv verändert, seitdem wir uns kennen. Aber egal wie ernst ich es meine: Ich kann mich hinsetzen und sagen, dass ich ab jetzt erfolgreich bin. Aber dadurch ändert sich doch nichts! Wenn ich dagegen sage, dass ich ab heute ohne Alkohol lebe, dann kann ich mich daran halten und nichts mehr trinken. Das kann ich steuern. Aber Erfolg?"

„Das hängt von einigen Dingen ab. Gib Dich zum Beispiel nur noch mit Menschen ab, die selbst erfolgreich sind! Welche fünf Personen sind am häufigsten in deiner Nähe? Schau sie Dir an und prüfe, was sie denken und tun. Wenn Du Dich mit positiv denkenden, motivierten Menschen abgibst, dann wird das auch auf Dich abfärben. Und wie Du weißt, muss Erfolg kein finanzieller Reichtum sein. Du selbst entscheidest, wie Dein persönlicher Erfolg aussieht!"

„Aber wie ziehe ich die richtigen Menschen an?"

„Überleg Dir, was für einen Typ Mensch Du anziehen willst und dann denk nach, wo sich solche Menschen aufhalten. Dort gehst Du künftig auch hin! Auf einem Fußballplatz lernst Du andere Menschen kennen als auf einem Golfplatz. In einem Vereinslokal triffst Du andere Menschen als in einem Steakhouse. Das soll kein Werturteil sein, das ist einfach eine Tatsache. Und im Computerzeitalter ist es einfach geworden, sich in den passenden Netzwerken entsprechende Kontakte zu suchen.

Noch etwas: Wenn Du positiv motiviert bist, dann glaubst Du mehr an Dich! Wenn Du ein starkes Ziel hast, dann bist Du mehr motiviert! Du bist dann auch kreativer. Die Menschen die jetzt für Dich richtig sind merken Dir Deine Begeisterung an. Das ist ein Kreislauf!"

„Du hast wieder einmal recht! Das könnte ich auch schon hier ausprobieren! Aber ich habe es mir ja abgewöhnt, im Urlaub den Laptop zu nutzen – mal abgesehen davon, dass Jenny und ich gestern für sie recherchiert haben!"

„Ich habe noch eine weitere Anregung für euch. Kennt ihr den Begriff *Visionstafel* oder *Visionboard*? Das ist eine Zielcollage und ist zur Visualisierung von eigenen Zielen gedacht. So etwas solltet ihr für euch erstellen. Es zeigt, wo ihr steht und wohin ihr wollt.

Die Art der Darstellung bleibt jedem selbst überlassen: Fotos, Grafiken oder Text – alles ist möglich!"

„Was ist denn der Vorteil einer Visionstafel?"

„Du solltest sie an einer Stelle aufhängen, die Du immer vor Augen hast. So wirst Du immer wieder daran erinnert, was Du Dir vorgenommen hast. Was Du bildlich vor Dir siehst, das kannst Du Dir besser einprägen. Du hast es immer vor Deinen Augen und bist motivierter."

„Und worauf müssen wir bei der Erstellung achten?"

„Es gibt dabei nur wenige Punkte zu beachten. Die Ziele, die Du Dir gesetzt hast, musst Du möglichst genau beschreiben. Je genauer, desto besser! Dann müssen die Ziele messbar sein."

„Was kann ich mir denn unter einem messbaren Ziel vorstellen?", unterbricht Jenny.

„Nehmen wir ein Beispiel. Angenommen, Du willst Millionärin zu werden. Hältst Du das für ein Ziel?

„Ja!"

„Nein! Weil es nicht messbar ist! Damit kannst Du nichts anfangen! Was meinst Du genau mit Deinem Ziel? Umsatzmillionär? Einkommensmillionär? In welcher Währung? Bis wann? Wie viele Millionen? Solange Du es nicht klar definierst, wirst Du es auch nicht erreichen!"

„Ich verstehe! Wenn ich sage, dass ich abnehmen will, dann ist das nicht messbar. Wenn ich aber in sechs Monaten zehn Kilo abnehmen will und morgen damit beginne, dann ist das messbar. Und je genauer ich etwas formuliere, desto besser ist es!"

„Stimmt! Aber kommen wir zu den restlichen Punkten, die wichtig sind. Es sollen Ziele sein, auf deren Erreichung Du Dich freust. Somit bist Du auch besser motiviert als bei einem „normalen" Ziel. Dann ist es natürlich wichtig, dass Dein Ziel oder Deine Ziele auch erreichbar sind. Wenn ich zum Beispiel sage, dass ich Boxweltmeister werden will, dann ist das unrealistisch. Außerdem gehört ein fester Termin dazu, aber darüber haben wir ja schon gesprochen Ein letzter Punkt ist es, sich nicht zu viel vorzunehmen. Niemand kann ein Dutzend Ziele gleichzeitig erreichen."

„Wie viele Ziele sind denn Deiner Meinung okay?"

„Ich setze mir nie mehr als drei Ziele gleichzeitig!", sagt Maik.

„Und was ist, wenn ich trotzdem mehr Ziele habe?"

„Dann setzt Du Prioritäten und kümmerst Dich erst mal um die wichtigsten Ziele. Danach beschäftigst Dich mit den restlichen Zielen."

Sandra und Jenny verabschieden sich schließlich von Maik und fahren zurück. Dabei machen sie eine längere Pause an Sandras Lieblingsstrand. Beide legen sich in die Sonne und lassen die neuen Impulse auf sich einwirken, schwimmen im Meer und vergessen alles um sich herum.

Am späten Nachmittag fahren sie weiter und Jenny sagt: „Ich glaube, ich muss mir jetzt erst mal ein paar Gedanken machen über das, was ich in Zukunft machen könnte und was ich will. Ist es für Dich okay, wenn ich heute nichts mehr unternehmen möchte?"

„Das ist völlig in Ordnung! Mir geht es auch so. Es ist einfach unendlich viel Neues und das muss man erst mal verarbeiten. Ich will das alles für mich nutzen, also muss ich darüber nachdenken, mir ein paar Dinge aufschreiben und überlegen, wie ich das zuhause umsetze. Ich brauche heute auch einen ruhigen Abend, fahre dann morgen wieder zu Maik und wir sehen uns dann danach!"

Sandra setzt Jenny an ihrem Strandhaus ab, fährt ins Hotel, legt sich am Pool in den Schatten und bestellt sich einen großen Cocktail. Inzwischen ist der Zeitpunkt gekommen, zu dem die meisten Hotelgäste bereits wieder in ihren Zimmern sind und sich auf das

Abendbuffet vorbereiten. Sandra genießt es, allein am Pool zu sein und ihren Gedanken freien Lauf lassen zu können. Sie schließt die Augen und versucht, sich ihr künftiges Leben vorzustellen. Keine Hektik mehr, keine Ellenbogentechniken im Büro, keine starren Regeln, keine karrieregeilen Kollegen die freundlich tun und in Wirklichkeit andere nur Ausnutzen und für ihre Zwecke einsetzen!

Da sie sich entschlossen hat, bei ihrem Arbeitgeber zu kündigen, wird ihre restliche Zeit im Unternehmen relativ entspannt sein. Sie braucht künftig keine Karriere-Wettbewerbe mehr, muss keine unbezahlten Überstunden mehr machen und ist letztlich nicht einmal mehr auf ein gutes Zeugnis angewiesen. Sie wird einfach ihre Arbeit machen, parallel ihr Online-Business aufbauen und fristgerecht kündigen, allerdings so spät wie möglich. Wenn sie dann ihren Urlaub nimmt, dann wird sie nur noch für kurze Zeit im Unternehmen sein. Sie wird gelassen und entspannt sein, sich um Wohnungsauflösung, neue Wohnungssuche, Verkäufe, Kostensenkung und den Umzug kümmern und bald für immer auf dieser Insel leben.

Zufrieden steht Sandra auf und geht erst zum Essen und dann auf ihr Zimmer. Wieder einmal ist ein wunderbarer Tag vergangen und wieder fühlt sie sich einen entscheidenden Schritt weiter. Entspannt und dankbar schläft sie schnell ein.

Der kommende Tag begrüßt sie mit strahlendem Sonnenschein und blauem Himmel. Ein Blick in Richtung Strand und Meer bestätigt ihr, dass ihr neuer Weg der richtige für sie ist.

Als sie bei Maik ankommt, begrüßt er sie freudig und sagt: „Die letzten zwei Tage haben wir viel theoretisch gearbeitet. Für Dein neues *Mindset* brauchst Du aber auch praktische Erfahrungen. Du sollst heute Kraft, Energie und Lebensfreude spüren. Bist Du bereit für einen Ausflug?"

„Natürlich! Das klingt spannend und das kann ich unmöglich ablehnen!"

Maik und Sandra fahren mit seinem Jeep zum Hafen von Morro Jable und besteigen ein kleines Motorboot, das Maik gechartert hat. Zielsicher steuert er das Boot auf das Meer hinaus.

„Was hast Du vor?", fragt Sandra.

„Warte ab. Du wirst es bald wissen!"

Nach etwa 30 Minuten Fahrt stoppt Maik den Motor. Zwischendurch hat er immer wieder mit einem Fernglas den Horizont abgesucht. Jetzt hat er mehrere Delfine gesichtet, die in Richtung ihres Bootes schwimmen. Allmählich kommen die Tiere auf ihr Boot zu und Sandra ist beeindruckt. Sie hat noch nie Delfine in Freiheit gesehen und ist völlig fasziniert von den spielerischen Bewegungen der Tiere. Alles wirkt irgendwie irreal, zugleich ist es aber ein unvergessliches Erlebnis. Es dauert ungefähr 20 Minuten, bis die Delfine eine andere Richtung einschlagen. Sandra ist sprachlos.

„Mitunter siehst Du hier auch Wale. Teilweise kannst Du sogar mit den Delfinen schwimmen. Es sind herrliche Tiere!"

„Das war ein Erlebnis, das mich wirklich berührt hat!", sagt Sandra schließlich. „Ich kann es nicht genau beschreiben. Aber dieses wunderbare Gefühl ist intensiv und geht ganz tief. Ich bin unendlich dankbar dafür. Keine Ahnung, was mich zuletzt so berührt hat. Am liebsten hätte ich die Delfine umarmt und wäre mit ihnen geschwommen!"

Maik ist zufrieden und kehrt mit dem Boot wieder um. „Auch wenn ich schon öfter Delfine gesehen habe, ist es immer wieder faszinierend schön. Ich kann davon niemals genug bekommen!"

Als sie zurück im Hafen sind, lädt Sandra ihn zum Essen ein. Beide sitzen in einer kleinen, landestypischen Bodega, essen frischen gegrillten Fisch und trinken einen leichten Wein dazu. Maik sagt: „Es ist wichtig, solche wunderbaren Dinge ganz bewusst zu erleben! Nach meinem Ausstieg habe ich intensiv nach solchen Erlebnissen gesucht. Ich habe mich danach gesehnt!

Damals habe ich während der Arbeit einen Herzinfarkt, den Tod von mehreren Kollegen und sogar einen Selbstmord am Arbeitsplatz miterleben müssen und konnte das ganz plötzlich nicht mehr ertragen. Es ging keinen einzigen Tag mehr! Es ist wie mit einem Becher, der randvoll mit Wasser ist und ein einzelner weiterer Tropfen lässt den Becher überlaufen. Mir war klar, dass diese Lebensphase für mich vorbei ist. Als Mann neigt man dazu, Warnzeichen zu ignorieren und zu funktionieren wie immer. Aber mich hat erschreckt, wie schnell ein Mensch vergessen wird, der geglaubt hat, unersetzlich zu sein."

„Es ist schön, dass Du die Stärke hattest, entschlossen einen anderen Weg einzuschlagen. Es ist doppelt schön, denn sonst könnte ich heute nicht so viel von Dir lernen!"

„Du wirst Deinen Weg gehen, davon bin ich überzeugt. Du bist dazu bereit. Dein neues *Mindset* wird Dich auf Deinem Weg unterstützen. Morgen legen wir wieder eine Ruhepause ein und danach beginnen wir mit dem nächsten Punkt und werden konkret. Dann geht es darum, wie Du Deine neuen Ziele glasklar formulierst und wie Du sie umsetzt. Aber dazu dann übermorgen mehr! Du hast große Fortschritte gemacht und sollst den morgigen Tag genießen, wie auch immer Du magst!"

Beide verlassen die Bodega. Maik setzt Sandra an ihrem Auto ab und fährt davon. Sandra schlendert spontan durch ein paar kleine Geschäfte und schaut sich um. Sie wundert sich über ihre eigene Verwandlung. Vor zwei Wochen noch hätte sie alle möglichen Dinge gekauft. Heute hat sie kein Bedürfnis nach Kleidungsstücken, Schuhen, Schmuck, Büchern oder nach irgendwelchen Souvenirs für andere. Schließlich geht sie ins Hotel und wird dort von einer anderen Urlauberin angesprochen, die offensichtlich Anschluss sucht.

„Hallo, sind Sie gerade erst hier angekommen?", fragt die Urlauberin. „Ich bin seit vorgestern hier und habe sie noch nie gesehen!"

„Nein, ich bin bereits seit zwei Wochen hier!", antwortet Sandra. „Ich bin viel unterwegs und nutze nicht viel von dem Hotelangebot."

„Aber warum sind sie dann in diesem Luxushotel?"

„Ich habe kurzfristig gebucht und zu dem Zeitpunkt wollte ich so viel Luxus wie möglich. Inzwischen habe ich mich jedoch verändert und ich habe andere Prioritäten."

Die Urlauberin schüttelt verständnislos den Kopf und geht schließlich weiter. Sandra muss lachen. Sie hat gerade vor einer anderen Person Position bezogen und ihre Meinung vertreten. Was für ein gewaltiger Fortschritt!

Etwas später packt sie ein paar Kleinigkeiten zusammen und geht zu Jenny. Sofort erzählt sie ihr von ihrem Ausflug mit Maik. „Ich habe heute ein neues Bewusstsein dafür gewonnen, Schönheiten zu erkennen und wahrzunehmen!", schwärmt sie. „Ich bin total *geflasht* und sehe immer noch die Delfine vor mir. Wahrscheinlich mache ich ein Gesicht, als stünde ich unter Drogen. Das bin ich irgendwie auch. Aber vor lauter Glück!"

„Dann sind das Glückshormone. Die braucht jeder. Aber kaum jemand hat sie. Deshalb sind die meisten Menschen auch so verbittert, zynisch und unlustig."

Sandra umarmt Jenny und sagt: „Ich habe morgen frei. Wollen wir etwas Verrücktes machen? Ich hätte große Lust darauf. Hast Du eine Idee?"

„Wie wäre es mit Wellenreiten? Die Jungs haben jede Menge Boards hier und sie bringen es Dir sicher gerne bei. Ich habe es auch schon versucht. Ist ein geiles Gefühl, wenn Du es kannst!"

„Dann machen wir das morgen! Und heute?"

„Heute gehen wir an den Strand, machen Musik und haben Spaß. Du bleibst gleich hier und morgen geht es dann ins Wasser!"

Nach einem ausgelassenen Abend schlafen sie glücklich und erschöpft am Strand ein.

Am frühen Morgen werden sie wach und gehen ins Haus. Die Kälte der Nacht war zuletzt unangenehm geworden. Eigentlich bräuchte ich überhaupt kein Hotel, denkt Sandra und lächelt vor sich hin.

„Woran denkst Du gerade?", fragt Jenny. „Mir wird bewusst, wie wenig ich inzwischen wirklich brauche. In Frankfurt habe ich viel Geld für Dinge ausgegeben, die ich nicht bräuchte, wenn ich nicht dort arbeiten würde. Business-Kostüme, teure und unbequeme Schuhe, jede Menge Kosmetikartikel ... hast Du Dich hier am Strand schon mal geschminkt? Hier lebst Du viel besser und auch viel günstiger!"

„Hier ist Luft zum Atmen! Du bist nicht eingeengt! Ich glaube, inzwischen könnte ich in Deutschland nicht mehr leben. Ich würde dort vor die Hunde gehen."

„Komisch ist nur, dass wir alle immer brav das tun, was von uns verlangt wird, solange wir keine Alternative haben. Die meisten Menschen geben sich mit dem zufrieden, was sie kennen und denken niemals daran, etwas Neues auszuprobieren."

„Aber wir sind anders! Und genau deshalb probierst Du jetzt das Wellenreiten aus! Jeden Tag eine neue Erfahrung! Hoffentlich geht das immer so weiter!"

Jenny zeigt Sandra, wie sie auf dem Brett stehen und balancieren muss. Nachdem sie es einige Zeit am Strand im Trockenen probiert hat, geht sie zum Wasser. Die Stelle, an der sie üben, ist relativ ruhig. Das Brett ist mit einer Sicherungsleine an Sandras Handgelenk befestigt und kann nicht verloren gehen. Sie weiß, dass sie auf dem Bauch liegend in Richtung Wellen paddeln muss und dann, wenn sie eine passende Welle sieht, erst schneller paddeln und dann im richtigen Moment aufstehen muss, um die Welle zu re ten. Aber immer wenn Jenny ihr ein Zeichen gibt, stürzt sie innerhalb weniger Sekunden ins Meer.

Nach etlichen erfolglosen Versuchen ist sie schließlich völlig erschöpft und paddelt frustriert zurück an den Strand. Sie legt sich in die Sonne und sagt keinen Ton.

„Jeder der das probiert hat ist anfangs hundertmal baden gegangen!", versucht Jenny zu trösten. „Hier, trink mal etwas und dann sehen wir weiter!"

„Ich brauche nichts zu trinken! Ich habe eimerweise Wasser geschluckt, so viel wie nie zuvor in meinem Leben!"

Jenny muss lachen. „Du bist aber auch stur! Wenn es heute nicht klappt, dann probieren wir es eben morgen wieder. Oder übermorgen! Ist doch egal! Du willst doch keine Meisterschaft gewinnen! Wem willst Du etwas beweisen!"

„Mir selbst! Wenn ich mir etwas vorgenommen habe, dann muss ich es auch erreichen! Wenn ich es nicht schaffe, dann habe ich versagt!"

„Erzähl das mal Maik! *Du* entscheidest doch, was Du willst! Somit kannst Du Dich auch anders entscheiden! Es gibt so einen komischen Spruch: „Wo wir sind, ist vorn. Und wenn wir hinten sind, dann ist hinten vorn!" Du allein entscheidest!

Mal angenommen, Du willst unbedingt im Wald wandern. Du kommst dort an und der Wald brennt. Gehst Du trotzdem in den Wald? Nein, weil Du Dich anders entscheiden musst! Wo ist hier der Unterschied?"

„Hier gibt es keine Ausreden! Hier gibt es nur Erfolg oder Misserfolg. Nichts sonst, kein Zwischending. Du kannst nur Gewinner oder Verlierer sein. Es gibt keine halben Gewinner!"

„Ich gebe auf. Aber sprich mit Maik darüber!"

Sandra nickt, steht auf und geht in Richtung Wasser.

„Was ist jetzt?", fragt Jenny.

„Nächster Versuch! Oder besser gesagt nächste Versuchsreihe!"

„Und wie lange soll das noch gehen? Was machst Du, wenn es dunkel wird?"

„Dann mache ich im Dunkeln weiter! Vielleicht klappt es ja besser, wenn ich nichts sehe! Bei Blinden sind doch die anderen Sinne viel ausgeprägter – glaube ich zumindest."

„Hätte ich bloß niemals vom Wellenreiten gesprochen! Wenn Du abends immer noch durch die Gegend paddelst, dann rufe ich die Jungs, die holen Dich auf jeden Fall raus ... warte, ich komme mit!"

Sandra startet ihre nächsten Versuche. Nach unzähligen Wellen und mithilfe von Jenny und deren Engelsgeduld schafft sie es schließlich, für ungefähr zehn Sekunden eine Welle zu reiten. Sie kreischt vor Freude ... bis sie wieder im Wasser landet. Aber jetzt ist sie zufrieden und paddelt zurück an den Strand.

„Gratuliere!", sagt Jenny. „Bist Du für heute zufrieden oder geht die Aktion noch weiter? Du hast jetzt mehrere Stunden auf dem Brett verbracht, das sollte für heute reichen!"

Sandra umarmt Jenny. „Danke für Deinen Unterricht! Ja, es ist genug! Aber ich habe es geschafft! Und es hat sich gut angefühlt! Das war die Mühe wert!"

„Ohne Wellenreiten hätte sich die Uhr auch weitergedreht. Wenn wir nicht am Meer wären, dann könnten wir gar nicht Wellenreiten!"

„Tolle Logik! Aber jetzt müssen wir unbedingt in die Sonne, mir ist verdammt kalt!"

Als beide am Strandhaus ankommen, sind fast alle auf der Veranda. „Was habt ihr denn gemacht?", fragt einer der Jungs. „Sandra hat ihre erste Welle geritten!", sagt Jenny.

„Und wie viel Liter Wasser hat sie geschluckt?"

Sandra wirft ihr großes nasses Handtuch direkt in seine Richtung. Alle lachen und sind vorsichtshalber ruhig.

„Was wollen wir heute noch machen?", fragt Jenny.

„Ehrlich gesagt bin ich völlig platt. Ich will mich nur noch hinlegen und ausruhen. Ich schleppe mich ins Hotel, buche eine Massage und werde vermutlich gleich dort auf der Liege einschlafen. Falls ihr nie wieder etwas von mir hört, dann bin ich dort gestorben. Fragt dort einfach nach mir! War echt schön heute!"

Alle lachen und sehen Sandra hinterher, wie sie langsam in Richtung Hotel läuft.

Am nächsten Tag fährt Sandra wie üblich nach dem Frühstück zu Maik. Sie berichtet ihm vom Wellenreiten, aber auch von ihrem extremen Erfolgswillen.

„Jenny hat mich darauf aufmerksam gemacht. Sie meinte, ich wäre total verbissen gewesen und musste es unbedingt schaffen. Ich war nicht mehr für logische Argumente zugänglich. Wenn es ein Marathonlauf gewesen wäre, dann wäre ich wahrscheinlich so lange weitergelaufen bis ich umfalle. Ich weiß nicht, woher das bei mir kommt. Noch weniger weiß ich, wie ich damit umgehen soll oder wie ich das ändern kann."

„Ein starker Wille zum Erfolg ist vom Grundsatz her gut! Du musst nur Deine Grenzen kennen und wissen, was wirklich wichtig ist! Das schaffst Du nur mit der Zeit! Du entwickelst Dich weiter und veränderst Dich. Du wächst mit Deinen Aufgaben! Deshalb ist es so wichtig, dass Du Dir Zeit für Deine Ziele nimmst und dass Du realistisch planst. Und genau deshalb brauchst Du jemanden, der Dich dabei unterstützt!

Jenny scheint eine gute Ergänzung für Dich zu sein. Überleg mal: Du hattest gestern ein spontanes Ziel. Ein Scheitern hätte keine

Folgen gehabt! Wozu sich also deswegen aufregen? Du solltest es positiv sehen! Gestern wurdest Du mit der Möglichkeit des Scheiterns konfrontiert und es gab keinerlei Risiko für Dich. Du hättest dadurch absolut nichts verloren. Falls Du Dein Ziel wirklich nicht erreicht hättest, dann hättest Du etwas anderes gemacht. Es ist nicht schlimm, zu fallen – es ist nur schlimm, nicht mehr aufzustehen!"

„Ich muss noch daran arbeiten. Es war schon immer mein Problem, nicht aufgeben zu können. Ich kann dabei auch selbstzerstörerisch sein. Aber ich werde an Deine Worte denken und darauf achten, wenn wieder einmal eine solche Situation entsteht!"

„Gut! Dann beginnen wir jetzt mit Deinem nächsten Punkt! Wir kommen gut voran, aber die Zeit vergeht schnell. Wie lange bist Du eigentlich noch hier?"

"In einer Woche ist Abflug. Ich möchte überhaupt nicht daran denken!"

„Zeitlich schaffen wir das. Du musst an Dich und an Deine Ziele glauben, Deinen Weg gehen und es durchziehen!"

„Wie geht es jetzt weiter?"

„Wir haben es ja letztens kurz angesprochen. Jetzt entwickeln wir einen klaren Plan, an den Du Dich halten kannst und der Dich Stück für Stück zu Deinem Ziel bringt! Jetzt geht es um die Umsetzung!"

Fazit:

- Achte darauf, was Du denkst und mit wem Du Dich umgibst!
- Halte Dich an die Menschen, die selbst erfolgreich sind!
- Stelle Dich Deinen Ängsten!
- Ziehe die richtigen Menschen an!
- Halte Dir immer Deine Ziele vor Augen!

Dem Ziel entgegengehen

„Was meinst Du mit der Umsetzung?"

„In der ersten Phase hast Du Deine aktuellen Wünsche und Ziele formuliert. Gegen Ende der zweiten Phase hast Du sie angepasst, nachdem Du Deinen künftigen Kurs und den Umfang Deiner Veränderung festgelegt hast. In Phase drei haben wir uns damit beschäftigt, wie Du denkst, von welchen Gedanken Du Dich trennst und wie Du künftig bei der Stange bleibst, auch wenn es mal Gegenwind gibt. In Phase vier, der Umsetzungsphase, definieren wir Deine genauen Ziele und legen die weiteren Schritte fest. Dann gibt es noch Phase fünf, Dein persönliches *„Go"!* Aber das kommt dann später.

In der Umsetzungsphase müssen wir einerseits tief genug planen, andererseits dürfen wir uns nicht verzetteln und in Details verlieren. Aber das ist wie Projektmanagement in einem Unternehmen. Der Grad der Planung ist entscheidend. Was ich Dir jetzt sage, kennst Du bereits. Aber ich wiederhole es trotzdem – weil es wichtig ist!

Wir brauchen

- klar formulierte Ziele
- realistische Ziele
- nicht zu viele Ziele auf einmal!

Schau einmal in Deine Notizen und vergleiche, was Du Dir zu Phase eins und zwei notiert hast. Mit Sicherheit haben sich Deine Pläne weiterentwickelt. Vielleicht hast Du Dir danach nochmals Notizen gemacht. Dort setzt Du an. Diese Ergebnisse verfeinerst Du jetzt."

„Ich habe das bereits kurz zusammengefasst: Ich will auf jeden Fall mein Leben vereinfachen, ich möchte so schnell wie möglich woanders neu anfangen und ich muss für meinen Neuanfang nicht gleich eine Dauerlösung finden – ich kann auch mit einer Zwischenlösung Geld verdienen und in Ruhe an neuen Ideen arbeiten und so mein Traumziel finden und verwirklichen."

„Das sind jetzt drei Punkte. Ich bringe mal etwas Struktur in Deine Ziele, damit Du verstehst, was ich meine:

- Du willst einfacher leben, also auch Deine Kosten senken. Das bedeutet, Deinen Besitz zu sichten, aufzuräumen und Entscheidungen zu treffen. Was behältst Du, was verkaufst oder verschenkst Du, was entsorgst Du? Wo kannst Du dauerhaft Geld einsparen?
- Du willst schnell woanders anfangen. Wie schnell soll das gehen? Wo willst Du neu anfangen? Welche Qualität haben Deine Informationen über Dein Wunschland? Sind Deine Informationen vollständig? Unter welchen Bedingungen darfst Du dort dauerhaft leben? Gibt es Einschränkungen? Welche Versicherungen benötigst Du? Wie hoch sind dort die Lebenshaltungskosten? Sprichst Du die Landessprache? Wenn nicht, wie schnell kannst Du sie erlernen? Hast Du dort Menschen, die Dich unterstützen?
- Du kannst auch mit einer Zwischenlösung Geld verdienen und dann weitersuchen. Bist Du Dir sicher, dass Deine Zwischenlösung genug Geld bringt? Gibt es dafür Erfahrungswerte? Gelten diese auch für Dein Wunschland? Wie viel Geld benötigst Du für den Start? Wie lange kannst Du von Deinen Rücklagen leben? Musst Du Angestellte beschäftigen? Wie viel Steuern musst Du bezahlen? Warum suchst Du nicht gleich nach einer dauerhaften Lösung?

Das waren jetzt nur ein paar spontane Gedanken. Je mehr Du das hinterfragst, desto besser ist Deine Planung! In der nächsten Stufe legst Du dann Termine fest. Aber nicht nur für die drei Hauptziele! Du brauchst auch Zwischenziele!"

„Um Deine letzte Frage zu beantworten: Ich weiß inzwischen hundertprozentig, dass ich nicht länger in meinem bisherigen Beruf arbeiten und in Deutschland leben möchte. Ich möchte so bald wie möglich hier auf der Insel leben. Ich kann mit Sicherheit sagen, dass ich mit meinem Fachwissen über das Internet kurzfristig genug Geld verdienen kann. Wenn ich das tue, dann lebe ich bereits in meinem Wunschland, habe viele Belastungen nicht mehr und kann ohne Zeitdruck nach meinem Traumziel suchen. Anderenfalls würde ich vielleicht noch jahrelang in Deutschland bleiben, auf der Suche nach der 100 Prozent-Lösung die es nicht gibt!

Erst wenn ich hier lebe, sehe ich auch, was hier wirklich gefragt ist! Wenn ich mit Menschen wie Dir spreche, dann bekomme ich ganz andere Ideen, als wenn ich in Deutschland vom Schreibtisch aus recherchiere.

Und zu dem, was Du insgesamt gesagt hast: Das klingt nach viel Arbeit! Es ist sicher wichtig, gut zu planen und nichts zu vergessen, denn sonst bricht alles zusammen oder beginnt gar nicht erst."

„Das ist beim klassischen Projektmanagement in Unternehmen auch nicht anders. Projektverfolgung, Controlling und Überarbeitung sind normaler Alltag."

„Kannst Du mir das mit den Zwischenzielen nochmals genauer erklären?"

„Wenn Du ein Haus baust, dann brauchst Du zuerst einmal ein Fundament. Das ist sozusagen die Basis. Danach kannst Du die Mauern hochziehen. Dann kommen die Zwischenwände, die ganze Elektrik, die Fenster und so weiter. Irgendwann ist der Dachstuhl dran und das Dach selbst.

Ich will das nicht komplizierter machen als nötig. Du setzt Dir das Haus als Ziel und Deine Zwischenziele sind Fundament, Mauern und das alles. Und in Deinem Zeitplan stehen eben nicht nur Termine für Baubeginn und Fertigstellung, sondern auch Termine für Zwischenziele wie „Fundament ist fertig", „Grundmauern stehen", „Fenster sind eingebaut" und so weiter. So merkst Du viel schneller, wenn Dein Plan zeitlich aus dem Ruder läuft.

Außerdem sollst Du Dich auch belohnen, wenn Du ein Zwischenziel erreicht hast. Schließlich wird auf dem Bau auch Richtfest gefeiert!"

„Ich verstehe! Also muss ich einerseits noch mehr ins Detail gehen, darf aber andererseits nicht zu detailliert planen. Somit besteht die Kunst darin, den passenden Mittelweg zu finden?"

„Ja! Natürlich ist alles, was ich Dir gesagt habe nur grob formuliert. Aber Du kennst jetzt das Prinzip. Such Dir ein Ziel, formuliere es klar und eindeutig und dann geh ins Detail! Splitte es auf, schau was Du parallel machen kannst, setz Dir realistische Termine und leg los! Viel zu viele Träume werden niemals verwirklicht, weil sie nicht begonnen werden."

„Du sprichst von Aufgaben, die ich parallel erledigen kann. Aber wenn ich allein bin, dann geht das doch nicht! Wenn ich an das Hausbeispiel denke, dann kann ich nicht gleichzeitig das Fundament bauen und die Mauern hochziehen!"

„Richtig! Aber für Dein Auswanderungsvorhaben kannst Du parallel Deine jetzige Wohnung entrümpeln, Gegenstände zum Verkauf anbieten und nach einer neuen Wohnung hier auf der Insel suchen!"

„Also muss ich Fakten sammeln, auf Vollständigkeit achten, mir einen Zieltermin suchen und dann die Reihenfolge planen und dabei ständig prüfen, was parallel laufen kann."

„Stimmt! Du kannst aber auch zuerst alles sammeln, den jeweiligen Zeitbedarf schätzen und daraus resultierend den Zieltermin errechnen. Behalte den Termin immer im Auge und überprüfe die Zwischenergebnisse und den aktuellen Grad Deiner Zielerreichung!

Hilfreich ist es, wenn Du Dir externe Unterstützung suchst. Schon für die Planungsphase ist es wichtig, aber auch für die laufende Arbeit, für die Kontrolle und letztlich für die eigene Motivation! Natürlich kannst Du auch alles allein machen. Aber für mich gilt der Satz: *„Mach es schnell und gut oder langsam und allein!"*

Das gilt übrigens auch für Deine geplante Auswanderung! Du kannst Dir professionelle Hilfe holen, die den Ablauf kennt und alles für Dich vorbereitet. Das kostet Geld und geht schnell. Oder Du machst alles selbst, wobei Du möglicherweise etwas übersiehst, und es geht eben langsamer.“

„Was schlägst Du mir jetzt vor? Woran soll ich denn am meisten arbeiten?“

„Das weißt Du bereits! Aber ich wiederhole es gerne nochmals. Erstens: Wichtig ist der Anfang! Viele starten sehr schnell und arbeiten wie wild, merken dann aber, dass es so nicht funktioniert. Dann fangen sie von vorne an, haben wertvolle Zeit verschenkt und sind frustriert, was bei einer Lösungssuche nicht hilfreich ist. Also überprüfe in der Anfangsphase immer wieder Deine Ziele! Ist es wirklich genau das, was Du willst? Ist es exakt beschrieben? Hast Du nichts Entscheidendes vergessen? Bist Du davon überzeugt, dass Dein Plan funktioniert? Dies gilt ganz besonders, wenn es um ein neues Business geht, von dem Du leben musst!

Du kannst später als andere Menschen mit der eigentlichen Arbeit anfangen. Aber wenn Du in der Anfangsphase wirklich gut geplant hast, dann wirst Du letztlich immer der Gewinner sein!

Zweitens: Übe Dich darin, Ziele möglichst tief zu strukturieren! Denk dabei an unser Beispiel von vorhin! Es war im Prinzip nichts weiter als eine Art „Frage-und-Antwort-Spiel"!

Ich habe Dich nach Deinen Zielen gefragt, Du hast geantwortet. Dann bin ich in die Details gegangen und habe mehr gefragt. Du hast wieder geantwortet. Wenn wir das ein paar Stunden lang so machen, dann hast Du einen guten und lückenlosen Plan!"

„Und was kommt sonst noch hinzu?"

„Das reicht, sonst beginnst Du nie. Der Rest kommt sozusagen von selbst, während Du arbeitest. Du wirst es merken!

Entspann die nächsten Tage einfach mal! Lass Deinen Gedanken freien Lauf! Wiederhole den ersten Punkt von Zeit zu Zeit und denk nach! Dann überlege Dir Unterpunkte zu Punkt zwei. Denk an das Beispiel mit dem Hausbau! Notiere Dir alles, was Dir dazu noch einfällt. Es reicht, wenn Du das 20 Minuten lang machst. Du hast dadurch ein einfaches Beispiel für Detaillierung. Du hast zum Beispiel die Wände hochgezogen, die einzelnen Räume sind gestaltet. Eine Stufe weiter kommen Fliesen, Kacheln, Fenster und Jalousien. Genauso bringst Du eine tiefe Struktur in Deine eigene Planung!"

„Dann fahre ich jetzt mal los! Danke für Deine Anregungen! Für mich ist das ein echter Crashkurs, wobei Du genau die Punkte gefunden hast, die ich selbst noch nicht gekannt habe!"

„Komm übermorgen wieder vorbei! Du hast mit Sicherheit noch Fragen, wenn Du zurück in Deutschland bist. Wir können dann auch skypen, wenn Du mal Fragen hast. Ich bin nicht aus der Welt Übrigens, Du kannst Dich auf die letzten Tage freuen, denn dann geht es darum, dass Du durch und durch positiv motiviert bist für Deinen Neustart. Das wird Dir auch auf der Arbeit helfen!"

Sandra und Maik verabschieden sich und Sandra fährt direkt zu Jenny. Nach einer kurzen Begrüßung kommt sie direkt auf den Punkt.

„Jenny, ich habe ein Attentat auf Dich vor! Du weißt ja, jeden Tag etwas Neues oder etwas Verrücktes auszuprobieren ist angesagt.

Lass uns heute Jetski fahren! Irgendwo am Strand kann man die Dinger doch ausleihen. Hast Du das schon mal gemacht?"

„Nein, aber das ist eine coole Idee! Kannst Du das denn?"

„Ich wollte es schon immer, irgendwie bin ich aber nie dazu gekommen. Ich bin früher Moped gefahren. Die Basis ist also da."

Beide gehen in Richtung Verleihstation. „Weißt Du, was komisch ist?", fragt Jenny. „Mir fällt plötzlich ein, dass ich früher immer Motorrad fahren wollte, wenn ich es mir mal leisten kann. Das war lange mein größter Wunsch! Alle haben von Urlaubsreisen oder Hochzeiten geträumt, ich dagegen nur von meinem Motorrad-Führerschein!"

„Und? Hast Du ihn?"

„Nein, nur den für Autos. Meine Eltern haben mir den bezahlt und ein Auto gab es noch obendrauf - aber nur, wenn ich nie Motorrad fahre!"

„Also haben Dich Deine Eltern auch manipuliert!"

„Ja! Ich habe das völlig verdrängt - wahrscheinlich damit ich nicht daran denke, dass ich nicht meinen eigenen Weg gegangen bin. Das gibt niemand gerne zu, nicht einmal vor sich selbst. Wirklich schlimm ist aber, dass solche starken Wünsche irgendwann völlig in Vergessenheit geraten. Du wirst so sehr manipuliert, dass Du Deine tiefsten Wünsche schließlich ausblendest! Das ist fast wie Gehirnwäsche!"

„Was hältst Du davon, wenn wir uns gegenseitig mehr von unserer Vergangenheit erzählen? Das weckt Erinnerungen und vielleicht auch Traumziele, die wir völlig vergessen haben!"

„Das gefällt mir! Dabei fällt mir dieses *Visionboard* ein, von dem Maik erzählt hat. Ich mache das auf jeden Fall. Ein Bestandteil davon wird eine Liste mit Dingen sein, die ich alle noch machen und erleben möchte. Nennt sich *Bucket List*, glaube ich."

„Bucket heißt doch Löffel?"

„Stimmt! Auf die Liste schreibst Du alles, was Du unbedingt noch erleben willst, bevor Du den Löffel abgibst! Die Liste kannst Du natürlich in jedem Alter erstellen, nicht erst in den letzten Lebensjahren."

„Das ist eine tolle Idee! Es muss verdammt gute Laune machen, wenn ich täglich vor Augen habe, was ich alles noch machen möchte. Ich habe richtig Lust bekommen, das auch zu machen. Vielleicht finde ich so auch zu meinen Zielen!"

Beim Jetski-Verleih angekommen beginnt nach einer kurzen Einweisung die aufregende Fahrt mit den Wassermotorrädern. Die Geschwindigkeit, der Fahrtwind, die Schräglage in den Kurven, die Wellen – alles zusammen ist Power, Adrenalin und Spaß!

Sandra und Jenny vergessen dabei alles um sich herum. Völlig durchnässt aber glücklich kehren sie nach 20 Minuten Fahrt erschöpft zurück.

„Es ist ein tolles Gefühl, mal etwas ganz anderes auszuprobieren, etwas wirklich Neues!", sagt Jenny. „Ich bin richtig euphorisch und könnte Bäume ausreißen! Das Tempo, die Schräglage in den Kurven, der Nervenkitzel - das war stark! Du kennst die Grenzen nicht und kannst einfach ausprobieren, wie weit Du gehen kannst!"

„Ich fand es auch toll! Dieses Gefühl möchte ich jeden Tag haben! Es ist echt traurig, dass das im Alltag völlig verloren geht. Du arbeitest vor Dich hin, ein Tag ist wie der andere und oft hetzt Du Dich ab für Projekte, die eigentlich niemand braucht. Du tauschst Deine Lebenszeit gegen Geld und Monat für Monat bleibt kaum etwas übrig. Das kommt bei mir jetzt alles hoch und ich kann gar nicht begreifen, dass ich das so lange mitgemacht und ausgehalten habe. Ich habe keine Ahnung, wie ich jetzt zuhause klarkommen soll! Bei dem Gedanken daran schnürt es mir den Hals zu und ich bekomme Atemnot."

„Du hast doch einen Plan für die Zukunft! Du hast echte Perspektiven!"

„Stimmt, aber selbst wenn alles so schnell klappt, wie ich mir das vorstelle, dann wird das nächste halbe Jahr heftig! Wieder der typische Alltag im Büro und dazu die komplette Vorbereitung für die Auswanderung – und alles allein und ohne Unterstützung!"

„Du hast ein klares Ziel und der Zeitraum ist überschaubar! Du schaffst das auf jeden Fall! Wir bleiben ja auch in Kontakt, die Zeit wird schneller vergehen, als Du jetzt denkst!"

„Ich will trotzdem nicht mehr zurück. Aber Du hast recht, ich habe mein Ziel und das werde ich erreichen, auch wenn es erst mal anstrengend ist. Für heute ist es genug, ich gehe zurück ins Hotel und mache einfach mal gar nichts.

Morgen möchte ich einen Tag in völliger Stille verbringen. Ich probiere mal aus, wie ich mich dabei fühle. Asiatische Lebensphilosophien waren mir bisher fremd. Meditieren im Lotussitz, Qigong-Kugeln und Entspannungsmusik waren mir bis vor ein paar Wochen völlig suspekt. Inzwischen bin ich offen für andere Denkweisen. Wenn weniger wirklich mehr ist, dann wird mir der morgige Tag vielleicht ein paar neue Impulse bringen! "

Sandra und Jenny verabschieden sich. Im Hotel angekommen erstellt Sandra einen Zeitplan bis zu ihrer endgültigen Auswanderung und beginnt mit ihrer *Bucket List*. Ganz oben steht ihr Motorrad-Führerschein. Eigentlich sollte ich das Hotelangebot viel mehr nutzen, denkt sie, geht zum Essen und setzt sich danach an die Hotelbar.

Um wieder einmal etwas Neues oder Verrücktes auszuprobieren, bestellt sie sich einen Mojito. Während sie an ihrem Cocktail nippt, mustert sie die anwesenden Gäste. Sie bemerkt einen älteren Mann mit einer jungen Frau. Er scheint vermögend zu sein und versucht, sie mit seinen Erzählungen zu beeindrucken. Sie lächelt ihn an und es scheint, dass sie nur aufgrund seines Geldes bei ihm ist.

Ein paar Tische weiter sitzt ein Ehepaar, das sich offenbar nichts mehr zu sagen hat. Beide nippen an ihren Drinks. Sie schaut unentwegt auf ihr Smartphone, während er unterdessen alle anwesenden Frauen abcheckt.

Etwas weiter entfernt sitzen ein paar Damen gehobenen Alters, die offenbar auf der Suche nach männlicher Gesellschaft sind. Ihr zur Schau gestellter Schmuck, ihr aufgesetztes Lächeln und ihre gelangweilten Gesichter lassen Sandra ins Grübeln kommen. Wenn ich mein ganzes Leben in Deutschland bleiben würde, vielleicht wäre ich in 20 Jahren eine von ihnen, denkt sie.

Schnell trinkt sie ihren Cocktail aus, zahlt und geht. So wie ich mich jetzt entschieden habe, ist es gut, sagt sie sich, geht auf ihr Zimmer und schläft nach kurzer Zeit ein.

Als Sandra erwacht, trinkt sie nur einen Tee, nimmt sich genug Wasser mit und fährt an ihren Lieblingsstrand. Dort angekommen sucht sie sich einen Platz, an dem sie völlig allein ist. Sie breitet eine Decke aus und setzt sich. Ihr Blick ist auf das Meer gerichtet und sie schließt die Augen. Ihre Atmung geht tief. Sie lässt ihr bisheriges Leben an sich vorüberziehen und sucht die guten Momente im Leben. Ihre Kindheit, ihre Jugend. Irgendwann kam der Zeitpunkt an dem sie nur noch erwachsen sein und eigenverantwortlich leben wollte.

Die Unabhängigkeit von den Eltern erkaufte sie mit der Abhängigkeit von ihrem Arbeitgeber. Ihre Beziehung mit Sven verstärkte dies noch. Irgendwie war sie ungewollt in einen Sog geraten. Sie hatte lediglich eine Art der Abhängigkeit gegen eine andere eingetauscht.

Auf einmal sieht sie glasklar zwei Alternativen vor sich. Die eine Alternative besteht darin, immer tiefer in Abhängigkeiten zu versinken. Die andere Alternative ist ein selbstbestimmtes Leben in

Freiheit und Unabhängigkeit. Ein Leben mit mehr Selbstverantwortung, weniger Geld, aber mit vielen Glücksgefühlen und viel Lebensfreude.

Nun verschwinden alle Zweifel, die sie bisher hatte. Jetzt ist ihr klar, dass sie auf dem richtigen Weg ist. Sie versteht auch, dass sie nicht alles bis zum Ende planen muss. Ihr fällt ein Beispiel aus einem Motivationsseminar ein, in dem es um Vertrauen ging. Wenn man mit einem Auto durch die Nacht fährt, dann leuchtet der Scheinwerfer nur ein paar Hundert Meter weit. Aber trotzdem kommt man auf diese Art von München nach Hamburg. Zuerst sieht man nur die ersten hundert Meter, dann aber die nächsten und die übernächsten ...

Genauso ist es auch mit dem Plan für ihr neues Leben! Manche Dinge kann sie sofort planen, andere Punkte eben erst später. Sie bewegt sich in die richtige Richtung, also lässt sie die Dinge auf sich zukommen.

Jetzt hat sie endgültig Vertrauen in ihre neuen Ideen und Wünsche. Sie spürt eine innere Stärke und ist voller Energie. Sie weiß, dass sie nun bereit ist für ihr neues Leben und dass ihr niemand mehr etwas ausreden kann!

Sandra denkt, dass das genug Erkenntnisse für den Tag sind, und schaut in den Himmel. Sie ist dankbar für diesen wunderbaren Moment, blickt in Richtung Meer und lächelt. In aller Ruhe fährt sie zurück zum Hotel. Dort legt sie sich ins Bett und schläft zufrieden ein.

Nach mehr als 14 Stunden Schlaf fährt sie zu Maik und erzählt ihm von ihren Erlebnissen und Gedanken. Sie berichtet auch von ihrem Zeitplan für die Auswanderung und von ihrer *Bucket List*.

„Maik, ich bin von der Liste begeistert und auch von der Idee, jeden Tag etwas Neues zu probieren. Jetzt überlege ich, ob ich die Punkte auf der Liste die ich schon abgearbeitet habe, auch bewerte. Was sagst Du dazu?"

„Ernsthaft? Was soll das? Du sollst etwas erleben und genießen und nichts *abarbeiten*! Du bist kein Buchhalter! Du musst auch nicht jeden Tag etwas Verrücktes machen! Es reicht, wenn Du daran denkst und es oft genug tust! Es soll kein Zwang sein, sondern Spaß machen!"

„Gut! Weniger ist mehr, ich weiß! Übrigens steht auf meiner Liste auch ein Tandemsprung mit dem Fallschirm. Am liebsten würde ich das gleich hier auf der Insel machen, es wird aber nirgendwo angeboten."

„Du musst nicht alles überstürzen – es soll etwas sein, das Dich motiviert und Dir Auftrieb gibt. Du sollst nichts in Rekordzeit erledigen!"

„Daran arbeite ich auch, etwas langsam und in Ruhe zu tun. Es funktioniert bereits besser als am Anfang. Wenn ich an manche Achtsamkeitsübungen denke, wo man immer nur eine einzige Sache langsam und bewusst tun soll - das hat mich zu Beginn furchtbar gestresst. Oder diese Stille, einfach nur zu schweigen ... angeblich gibt es ja *Retreats* wo tagelang kein Wort gesprochen wird. Das wäre mir zu heftig, aber einfach mal Stille um mich herum ... das ist inzwischen kein Stress mehr für mich. Heute tut es mir gut!"

„Du hast Dich radikal verändert, offenbar wollte alles in Dir ein ganz anderes Leben, Du hast es nur noch nicht wahrgenommen! Es gab mal vor langer Zeit eine Zigarettenwerbung. Ein Mann sitzt total entspannt auf einem Holzsteg am Wasser und sagt: *„Heute mache ich einfach mal, was ich wirklich will – nichts!"*.

Wenn Du dieses Stadium erreicht hast, dann bist Du einen großen Schritt weiter! In Deutschland muss alles sofort geschehen, alles muss pünktlich und perfekt sein – aber fast alle Menschen sind verbittert und unentspannt. Wahrscheinlich gerade aus diesem Grund! In südlichen Ländern dagegen wird noch gelebt. Dort sind die Menschen zufrieden und gelassen, auch wenn sie nicht so viel Geld haben. Mal ehrlich, geht die Welt unter, wenn Du Dir spontan einen Tag freinimmst und etwas Tolles unternimmst? Es gibt kaum etwas, das Du nicht genauso gut auch morgen erledigen kannst!"

„Ich finde, bei uns wird ganz viel schematisch und nur aus Gewohnheit gemacht. Niemand denkt mehr darüber nach, denn es war ja schon immer so!

Inzwischen merke ich auch immer mehr, dass ich mich über Dinge aufrege, die ich selbst nicht ändern kann. Das ist verlorene Energie. Andererseits kann ich mir auch nicht alles Mögliche bieten lassen. Ich muss da für mich einen Mittelweg finden!"

„Stop! *Du* entscheidest, wie wichtig Dir das ist! Wenn Du Dich über Dinge aufregst, die ein anderer Mensch verursacht hat, dann gibst Du ihm mit Deiner Reaktion Macht über Dein eigenes Verhalten. Willst Du das?"

„Nein, natürlich nicht! So habe ich das bisher nie gesehen. Ist ein guter Ansatzpunkt, um mir das abzugewöhnen!"

„Hier in Spanien heißt es *"Tranquilo"*. Das bedeutet *„ruhig, beschaulich, unbesorgt"*. Die Menschen sind einfach entspannt. Ich bin mir absolut sicher, dass es hier auch deutlich weniger Herzinfarkte gibt als in Deutschland. Das liegt an dieser Gelassenheit und Grundzufriedenheit. Für die Menschen hier fängt das Leben nicht erst an, wenn Du ein Reihenhaus und einen SUV besitzt."

„Sicher liegt es auch am Essen und am Wein!", antwortet Sandra.

Maik muss lachen.

„Ich werde wirklich immer nachdenklicher. Viele Deutsche halten sich für den Mittelpunkt der Welt und denken, dass sie allein alles richtig machen. Dabei können wir so viel von anderen Kulturen lernen."

„Den Idealzustand werden wir nie erreichen. Aber jeder von uns kann sich sein eigenes kleines Paradies schaffen, seine Oase der Ruhe und Entspannung. Und das wirkt sich auf unser gesamtes Leben aus. Wenn Du tief in Deinem Inneren zufrieden bist – mit Deinem Leben, Deinem Umfeld, Deinen Freunden – dann verlernst Du irgendwann, Dich aufzuregen. Es hat einfach keine Bedeutung mehr für Dich. Es lohnt sich einfach nicht!

Ein weiser Mann hat mal vor vielen Jahren gesagt, dass man drei Dinge braucht: Kraft - um die Dinge zu ändern, die man ändern kann, Gelassenheit - um die Dinge zu ertragen die man nicht ändern kann und Weisheit - um das eine vom anderen unterscheiden zu können. Den genauen Wortlaut kenne ich nicht mehr. Aber sinngemäß war das so."

„Das ist gut formuliert. Aber Weisheit kommt wohl erst mit dem Alter."

„Wir alle können an uns arbeiten und wir alle lernen dazu – zumindest wenn wir wollen. Niemand kann von sich behaupten, alles zu wissen und perfekt zu sein. Perfektionismus ist aus meiner Sicht auch kein erstrebenswertes Ziel. Es bremst uns nur. Ich möchte gar nicht wissen, wie viele wunderbare Ideen überall auf dieser Welt vor sich hin schlummern, nur weil sie aus Sicht einzelner Personen noch nicht perfekt sind."

„Kann es sein, dass wir mehr Ruhe und Stille brauchen, um erst zu überlegen und dann zu handeln? Damit wir keine unnötigen Dinge tun?"

„Ich sehe das auf jeden Fall so! Weniger kann wirklich mehr sein! Wenn Du Dir etwas Zeit nimmst, dann triffst Du bessere Entscheidungen. Ich habe früher bei Projekten auch oft erlebt, dass total hektisch mit etwas begonnen wurde, was später abrupt beendet und neu gestartet wurde, weil es einfach nicht genug durchdacht war."

„Wenn ich in Frankfurt so denke und handle, dann werden die letzten Monate für mich deutlich leichter werden als bisher. Ich hoffe, ich erinnere mich daran in jeder Situation und falle nie mehr zurück in den alten Rhythmus!"

„Kleiner Tipp: Nimm einen Gegenstand von hier mit und immer wenn Du in eine kritische Situation gerätst, dann berührst Du diesen Gegenstand, der Dich an die Zeit hier und an Deine Wünsche und Ziele erinnert. Ich habe das damals auch so gemacht und es hat mir geholfen."

„Was eignet sich denn dafür?"

„Egal! Hauptsache, Du verknüpfst damit schöne, positive Erinnerungen! Das kann ein Ring sein oder eine Kette von hier, eine Muschel oder ein schöner Stein. Was es letztlich ist, das tut nichts zur Sache."

„Das mache ich auf jeden Fall. Ich suche mir etwas besonders Schönes aus, damit mir immer bewusst ist, was für ein tolles Leben ich bald führen werde. Dann kann mich nichts mehr aus der Bahn werfen."

„Deine innere Einstellung wird immer besser. Es freut mich unendlich, wie Du hier aufblühst – ich kann es nur immer wieder sagen! Ich denke, Dir ist inzwischen bewusst geworden, wie Du Deine Ziele umsetzen kannst. Dann bist Du jetzt so weit, dass wir zum nächsten und letzten Punkt kommen können! Das ist Dein eigentlicher Start – aber damit beginnen wir erst morgen!"

„Dann hören wir für heute auf?"

„Ja! Schau Dir Deine Notizen nochmals an. Überleg Dir, ob alles für Dich stimmig ist, ob es Deinen tiefsten Wünschen entspricht und ob es vollständig ist. Prüfe Deinen Zeitplan für die Umsetzung und überlege, wo Du Dir Unterstützung holen kannst. Das ist die ideale Basis für morgen. Wir werden an der Stärke Deiner Vorstellungskraft arbeiten und wir brauchen einen symbolischen Startschuss, der Dir dauerhaft in Erinnerung bleibt und Dich antreibt!"

Sandra verabschiedet sich von Maik und fährt zu Jenny, die neugierig auf ihre neuen Erkenntnisse ist.

„Maik hat heute gesagt, dass wir morgen mit dem letzten Teil beginnen werden. Er hat auch gesagt, dass ich viel an mir gearbeitet habe und dass er mit meinen Fortschritten sehr zufrieden ist. Ich freue mich total darüber! Endlich ist es so weit, dass ich loslegen kann, und endlich weiß ich auch, wie!"

„Der eigentliche Start ist nicht ganz einfach, glaube ich. Sicher kommst Du ins Grübeln, ob auch wirklich alles richtig ist und ob nichts fehlt."

„Wie ich Maik verstanden habe, schließt man zu einem vorher festgelegten Zeitpunkt die Planungsphase ab und beginnt dann mit der Umsetzung. Das macht man dann mit einem symbolischen Startschuss deutlich. Ich bin echt gespannt, was er sich dafür ausgedacht hat. Es ist toll, dass er so einfache Ideen hat, die so viel bewirken."

„Vielleicht sind sie so wirkungsvoll, gerade weil sie so einfach sind. Oder unkompliziert. Verlieren wir nicht oft das Interesse an Dingen, weil sie zu kompliziert sind?"

„Stimmt auch wieder! Die ganze Technik wird immer komplizierter und wir werden immer abhängiger davon. Wenn heute der Strom ausfällt, dann funktioniert nichts mehr! Du kannst nicht mehr kochen, alles, was im Kühlschrank ist, geht kaputt, Du erfährst nichts mehr in den Medien, Dein Smartphone geht aus, Online-Banking funkt oniert nicht mehr ... das geht immer so weiter! Vier Wochen lang kein Strom und wir sind wieder in der Steinzeit!"

„Du hast dann noch Wasser, Pflanzen und Konserven ..."

„Aber wie kommst Du an das Wasser? Wenn Du den Wasserhahn aufdrehst, dann wird eine Pumpe betrieben. Die wiederum braucht Strom."

„Lassen wir das Thema lieber. Wir waren ursprünglich beim Thema Kompliziertheit. Darüber sind wir ja einer Meinung."

„Okay. Wie sieht es jetzt bei Dir mit Deinen Wünschen für die Zukunft aus? Du hast die letzten Jahre bescheiden gelebt und willst Dir inzwischen etwas aufbauen. Hast Du ein paar Ideen gesammelt?"

„Ich bin genug gereist und suche jetzt endgültig einen festen Platz für mich. Etwas, das ich mein Zuhause nennen kann und wo ich mich wohlfühle. Dieser Ort soll klein, überschaubar und schön sein! Nicht zu groß und nicht dieser kalte, moderne Bauhaus-Stil. Ich will keinen übertriebenen Luxus, sondern Minimalismus. Die meisten Dinge sind Gebrauchsgegenstände und haben keine besondere Bedeutung. Sie sind beliebig austauschbar und das ist gut so. Das, was mir wirklich wichtig ist, sitzt in meinem Herzen!"

„Das ist eine starke Aussage! Wenn ich darüber nachdenke, dann hast Du recht damit. Auf was für einem Sofa ich sitze, ist egal. Es ist auch egal, welches Geschirr ich benutze. So ist es mit den meisten Dingen. Im Endeffekt auch mit Autos. Ob ich eine dicke Limousine fahre oder einen Kleinwagen – es ist ein Fortbewegungsmittel, das mich von A nach B befördern soll und nicht mehr!"

„Für mich ist es beruhigend zu wissen, dass ich aus dem Strandhaus innerhalb von einer Stunde ausziehen kann. Es gibt nichts, was mich hält! Wenn es bei Dir auch so wäre, dann bräuchtest Du keinen Plan! Mir ist klar, dass das bei mir so nicht weitergeht. In Zukunft muss ich mehr Verantwortung übernehmen. Aber eben nicht mehr als nötig! Ich habe keine Schulden. Wenn es mir hier nicht mehr gefällt, dann kann ich wegziehen. Ich kann kurzfristig das Land verlassen. Alles ist möglich. Ich hatte niemals einen Ort, den ich meine Heimat nennen oder vermissen würde. Vielleicht kann ich mir das jetzt aufbauen!"

„Das klingt schön, macht mich aber nachdenklich. Es gibt immer zwei Seiten. Hast Du Dir überlegt, wovon Du in Zukunft leben willst?"

„Was Du mir gesagt hast, klingt gut. Ich werde auch erst mal über das Internet Geld verdienen. Vielleicht finde ich dort etwas, das mir auf Dauer gefällt. Parallel dazu werde ich mich weiter informieren und nach Möglichkeiten suchen, die mir gefallen und mich begeistern. Wenn ich mich ändere, dann ziehe ich so vielleicht wirklich die passenden Menschen in mein Leben."

„Überschlag doch erst einmal, wie viel Geld Du künftig brauchst, wenn Du einen eigenen Haushalt hast. Das ist schon ein Anfang. Wenn ich mit etwas Neuem beginnen will, dann rechne ich zuerst aus, wie viel Geld ich jeden Monat mindestens benötige. Dann überlege ich, wie ich diesen Betrag verdienen beziehungsweise ob meine Geschäftsidee diesen Betrag auf Dauer einbringen kann. Wenn Du willst, können wir nochmals gezielt nach Ideen für Dich suchen. Das geht auch, wenn ich wieder in Frankfurt bin."

„Das Angebot nehme ich gerne an! Ich werde auch Maik darauf ansprechen und wenn möglich seinen Freund Micha. Es ist gut, jemanden fragen zu können, der auf dem Gebiet bereits seine eigenen Erfahrungen gemacht hat. Bisher hatte ich niemanden, der mir dazu einen brauchbaren Tipp geben konnte."

„Ich möchte Dir noch einen Tipp geben! Gestern bin ich an den Strand gefahren, habe mir eine ruhige Stelle ausgesucht und eine Meditationsübung gemacht. Ich habe zu einer inneren Ruhe gefunden und habe mein Leben von der Kindheit bis heute an mir vorüberziehen lassen. Ich habe nichts bewertet und alles nur beobachtet. Klingt komisch, aber es hat funktioniert!

Plötzlich habe ich deutlich gesehen, wie mein künftiges Leben aussehen soll und was ich nicht mehr möchte. Ich habe nicht mehr an meinen Wünschen und Zielen gezweifelt. Auf einmal war völliges Vertrauen da! Mir war klar, dass mein neuer Weg gut und richtig für mich ist – auch wenn ich manche Dinge erst später entscheiden kann!

Ich kann Dir nur empfehlen, es selbst einmal auszuprobieren! Für mich war es ein Riesenschritt nach vorn!"

„Das versuche ich auch! Ich habe damit zwar noch keine Erfahrungen, aber ich kann ja nur gewinnen!

„Dann gehe ich jetzt zurück zum Hotel. Ich muss noch ein paar Kleinigkeiten besorgen und ein paar Dinge klären."

Beide verabschieden sich voneinander und vereinbaren ein Treffen für den nächsten Abend.

Fazit:

- Ziele müssen klar formuliert, realistisch und überschaubar sein!
- Lege Zwischenziele fest, kontrolliere regelmäßig Dein Projekt und feiere Deine Erfolge!
- Plane nicht zu viel – denn manche Dinge klären sich erst später!
- Suche Dir jemanden, der Dich unterstützt!
- Habe Vertrauen in Dich und starte!

If dreams come true ...

Am folgenden Tag fährt Sandra gegen Mittag zu Maik. Bei einem gemeinsamen Kaffee sagt er: „Sandra, heute beginnen wir mit dem letzten Part. Mein Ziel ist es, Dich in die richtige Stimmung zu bringen, um neu anfangen zu können und Dein neues *Mindset* auch während Deiner täglichen Arbeit in Frankfurt aufrecht zu erhalten. Ich habe dabei auch von einem Startschuss gesprochen. Keine Sorge, wir machen keinen Feuerlauf oder etwas in dieser Art. Du sollst die nächsten Tage intensiv fühlen, wie es ist, seine Träume zu leben und das Leben zu genießen.

Die meisten Menschen denken überhaupt nicht über solche Dinge nach. Sie finden sich einfach mit dem ab, was sie haben. Wenn sie wüssten, was sie für ein Leben führen könnten, wenn sie etwas mutiger wären, dann würden sie ebenfalls sofort ihr Leben ändern.

Wenn Du aus diesem Trott ausbrichst, dann brauchst Du Motivation auf Dauer – und die wirst Du bekommen!

Wichtig ist für Dich aber auch Verbindlichkeit! Damit meine ich, dass Du eine klare Abmachung treffen musst. Du musst Dich Dir selbst gegenüber dazu verpflichten, Deine Ziele auch wirklich zu erreichen ..."

„... zu einem festen Zeitpunkt, und sie müssen klar definiert und messbar sein!", ergänzt Sandra.

„Richtig! Ich merke, dass Du es ernst nimmst! Stell Dir vor, dass Du mir in die Augen siehst und mir versprichst, Deine Ziele zu erreichen. Ich habe Dir einiges beigebracht und ich wünsche mir, dass Du Deinen Erfolg hast. Wenn Du jetzt aufgeben würdest, dann wäre ich enttäuscht und Du würdest Dich auch nicht gut fühlen. Also: Wenn Du erfolgreich sein willst, dann solltest Du ein klares Versprechen jemandem gegenüber abgeben, den Du schätzt und auf keinen Fall enttäuschen möchtest."

„Das stimmt! Ich könnte Dir nicht mehr in die Augen sehen, wenn ich irgendwann alles hinschmeiße und wieder in den alten Trott verfalle! Das bedeutet aber auch, dass man einige Menschen miteinbeziehen sollte. Bisher dachte ich immer, allein komme ich besser voran!"

„Das hängt von den Menschen ab. Mal angenommen, Du hast nur Duckmäuser in Deinem Umfeld. Dann wäre es fatal, ausgerechnet sie zu fragen, was sie von Deinem Auswanderungsvorhaben halten. Und wenn Du ein Versprechen abgeben möchtest, musst Du Dir auch jemanden aussuchen, der passt. Jemand, der Dein Vorhaben unterstützt.

Aber notfalls funktioniert es auch allein. Ich hatte damals niemanden. Es kann hart werden, wenn Du merkst, dass sich die bisherigen Freunde von Dir abwenden. Teilweise verstehen sie Dich nicht mehr, teilweise ist ihnen das alles zu anstrengend und teilweise sind sie auch neidisch, weil Du den Mumm hast den sie selbst gerne hätten. Aber Du bist ja nicht mehr allein. Ich will Dich bald auf Dauer hier sehen. Ich will spüren, dass Du so, wie Du lebst und arbeitest, glücklich bist. Ich glaube an Dich! Aber für heute ist es genug damit. Lass uns einen Ausflug machen. Ich habe Dir intensives Fühlen versprochen. Jetzt wollen wir damit beginnen!"

„Was machen wir denn?", fragt Sandra.

„Es geht um Einfachheit. Es geht um Verrücktheit. Lass Dich überraschen! Vertrauen hast Du ja, das hast Du bewiesen. Also lass alles auf Dich zukommen!"

Maik fährt mit Sandra los. Unterwegs erzählt er ihr: „Heute werden wir eine Vulkantour machen. Wir fahren zum Vulkan Calderón Hondo. Unser Ausflug dauert mehrere Stunden. Du kannst in den Krater des Vulkans schauen und hast eine grandiose Aussicht. Alles ist ruhig und einfach. Die Weite ist überwältigend und zeigt uns, wie klein wir alle sind. Ich habe dadurch gelernt, viele Dinge nicht mehr so wichtig zu nehmen – mich selbst eingeschlossen!"

Am Ziel angekommen nehmen sie einen Rucksack mit Verpflegung mit und laufen los. Der Weg ist anstrengend, aber die Aussicht ist beeindruckend. Maik erzählt, dass die Berge bereits vor mehr als 50.000 Jahren entstanden sind. Wie mag das damals gewesen sein, denkt sich Sandra. Es ist unvorstellbar, welche Urgewalt die Natur hat. Was für ein Gefühl muss es sein, wenn ein Vulkan ausbricht und man es direkt miterlebt?

Schweigend gehen beide weiter. Zwischendurch machen sie Pause, brauchen aber keine Worte, um sich zu verstehen. Sandra spürt auch so, was Maik ihr heute zeigen will. Wieder einmal geht ihr der Satz „Weniger ist mehr!" von Maik durch den Kopf. Wenn man mitten durch Frankfurt läuft, dann gibt es wenig, was einen wirklich begeistern kann. Es ist einfach eine Großstadt mit unendlich vielen Menschen und großen Bauwerken. Jeder hetzt umher und muss irgendwo hin. Nicht zu vergleichen mit dieser Weite! Hier empfindet man Ehrfurcht vor der Natur. Hin und wieder ein paar Wildtiere – und sonst gibt es nichts!

Nach mehreren Stunden laufen sie schließlich zurück zum Jeep und fahren zum Haus von Maik. „Heute konntest Du die Einfachheit erleben. Morgen geht es dann um Verrücktheit!"

„Wieso diese krassen Unterschiede? Welchen Zweck hat das?"

„Wir sollten alle lernen, flexibler zu sein. Wenn Du klein bist, dann bist Du wendig. Das gilt auch für Unternehmen. Ein kleiner Unternehmer kann sich schnell einer veränderten Situation anpassen. Ein großes Unternehmen benötigt viel mehr Zeit dazu. Je flexibler Du bist und je schneller Du handeln kannst, desto größer ist Dein Vorteil!"

„Das heißt, Geschwindigkeit kann ein Vorteil sein und schnelles Reagieren kann dazu führen, dass ich anderen voraus bin?"

„Ja! Allerdings ist es besser, wenn Du nicht *reagierst*, sondern *agierst*. Reaktion ist eine Handlung, die auf eine vorherige Handlung erfolgt. Jemand hat etwas ausgelöst und Du bist gezwungen, deshalb zu handeln. Wenn Du dagegen *agierst*, dann löst *Du* etwas aus und hast gegebenenfalls einen Vorsprung.

Aber zurück zu Deiner Frage nach den krassen Unterschieden, wie Du es genannt hast. Ein altes kubanisches Sprichwort lautet: *„Das Klammern an Routinen ist die Angst vor dem Scheitern"*. Das ist der Grund, warum ich so verschiedene Dinge mit Dir unternehme. Routinen sind gefährlich. Sie lullen uns ein und gaukeln uns vor, dass alles seinen Weg geht. Irgendwie geht es immer weiter, es ist ja so bequem!

Wie war Dein Leben in den letzten Jahren? Es war Routine! Was hättest Du getan, wenn Dir jemand garantiert hätte, dass Scheitern unmöglich ist, egal was Du tust? Hättest Du Dein Leben trotzdem unverändert weitergeführt?"

„Solche Garantien gibt es ja nicht. Aber wenn … das wäre der Freibrief für alles, was mich jemals interessiert oder gereizt hat. Scheitern ist unmöglich - das wäre ein Traum!"

„Und je mehr Du an Dich glaubst, je mehr Du von Deiner Stärke zutiefst und aus vollem Herzen überzeugt bist, desto näher bist Du diesem Freibrief! Kleine Kinder glauben an sich! Wenn sie etwas wollen, dann probieren sie es! Wenn es nicht klappt, dann probieren sie es wieder und wieder, so lange bis es klappt. Hinfallen ist möglich – man muss nur wieder aufstehen! Wir sollten alle öfter mal an kleine Kinder denken. Im Lauf der Jahre legen wir diese kindliche Naivität aber immer mehr ab."

"Du hast eine interessante Sicht der Dinge! Es ist schade, dass nicht mehr Menschen davon profitieren können!"

„Darum geht es mir nicht! Ich will so leben, wie es mir gefällt. Ich toleriere andere Menschen, also erwarte ich das auch von ihnen. Nur wenn ich einen besonderen Menschen treffe, dann teile ich meine Erkenntnisse mit ihm. Bei Dir spüre ich, dass Du es wirklich ernst meinst und dass Du Dir Gedanken machst. Es gibt nicht viele Menschen, die drei Wochen Urlaub haben und ihn spontan dazu nutzen, an sich zu arbeiten und etwas zu verändern."

„Dass ich Dich kennenlernen durfte, ist ein echtes Geschenk für mich!", sagt Sandra.

„Das ist für mich nicht anders!", antwortet Maik. „Sein Wissen an einen wertvollen Menschen weitergeben zu dürfen empfinde ich ebenfalls als Geschenk!"

„Danke für alles!", sagt Sandra. „Dann werde ich jetzt zurück ins Hotel fahren! Bis morgen dann! Ich bin gespannt auf die Verrücktheit!"

Zurück im Hotel geht Sandra auf ihr Zimmer und sieht sich um. Es sind nur noch wenige Tage bis zu ihrem Rückflug. Sie schaut in ihren Schrank. 80 Prozent ihrer Kleidung hat sie nicht gebraucht. Sandra beginnt zu packen und merkt, dass die wirklich wichtigen Dinge ins Handgepäck passen würden.

Ihr Blick schweift über das Hotel und sein Angebot. Beste Qualität, hervorragender Service – aber nur monotones Arbeiten, aufgesetztes Lächeln und keine Lebendigkeit! Mindestens 80 Prozent des Angebots hat sie nicht in Anspruch genommen. Auch beim Buffet – ob morgens oder abends, 80 Prozent davon hat sie nicht genutzt. Viel zu viel Personal, das damit beschäftigt ist, irgendetwas zu tun. Alle sind am Arbeiten, um ihre Existenzberechtigung nachzuweisen. Was fehlt, sind Spaß und Freude!

Spontan schreibt Sandra in ihren Notizblock: *„Ab jetzt buche ich nur noch kleine Hotels mit Atmosphäre. Ich will Menschlichkeit, ich will echtes Leben, ich will Menschen lachen und nicht nur funktionieren sehen. Ich möchte lieber das Essen einer kleinen einheimischen Küche als 20 Meter Buffet im Luxushotel. Ich brauche kein 5-Sterne-Hotel, ich will mich wohlfühlen!"*

Sandra überlegt. Ihr gehen die 80 Prozent durch den Kopf. Plötzlich fällt ihr etwas ein. Es gibt doch eine *80:20-Regel!* Offiziell ist sie als *Pareto-Prinzip* bekannt und besagt, dass man mit 20 Prozent Einsatz 80 Prozent vom angestrebten Ergebnis erzielen kann. Sie nimmt sich vor, ab sofort immer daran zu denken und diese Regel bei ihrer Planung zu berücksichtigen. Der Weg zu ihrem neuen Lebensmodell wird immer klarer und Sandra sieht wieder einmal bestätigt, dass sich manche Dinge erst im Lauf der Zeit entwickeln.

Erneut holt sie ihren Notizblock hervor und schreibt hinein: *„Ich brauche keinen Perfektionismus und keine 100 Prozent-Lösungen. Ab heute nutze ich das Pareto-Prinzip für mich!"*

Vielleicht sollte ich ein Buch über meine Verwandlung schreiben, denkt sie sich, verlässt das Hotel und geht den Strand entlang zu Jenny.

„Was ist mit Dir?", fragt Jenny.

„Ich bin erschöpft, beeindruckt, nachdenklich und traurig.", antwortet Sandra. „Der heutige Tag war anstrengend, aber extrem beeindruckend. Ich denke viel darüber nach, wie sich die meisten Menschen verkaufen. Zeit gegen Geld. Gewohnheit gegen Geld.

Und ich bin traurig, weil ich in wenigen Tagen weg bin. Weg von Dir und weg von Maik. Zurück in Frankfurt und allein. Es ist wunderbar und komisch zugleich, dass Maik und Du in der kurzen Zeit die wichtigsten Menschen in meinem Leben geworden seid. Einerseits ist es super, denn es zeigt, wie schnell man echte Freunde finden kann. Andererseits zweifle ich jetzt sehr an meinem bisherigen Leben ... in mehreren Jahrzehnten ist von früheren Freundschaften nichts übrig geblieben ... wirklich traurig!"

Jenny umarmt Sandra und sagt: „Wahre Freundschaft funktioniert über Grenzen und Länder hinweg! Du machst jetzt Dein Ding und in einem halben Jahr lachst Du darüber! Ich bin hier und Maik auch. Ich werde mein Leben ändern, das habe ich den Gesprächen mit Dir zu verdanken. Ich baue mir hier etwas auf und wenn Du dann auf Dauer hier bist, dann hast Du so etwas wie eine kleine unorthodoxe Familie!"

„Ich verstehe nicht, wie manche Freundschaften so schnell entstehen können – aber ich bin wahnsinnig dankbar dafür! Wir verstehen uns ohne Worte! Früher hätte ich solche Gefühle nicht zugelassen – aus Angst, etwas verlieren zu können. Heute bin ich einfach nur froh und glücklich darüber."

„Heute werden wir einen tollen Abend haben! Wir machen Musik, tanzen und grillen, wir sitzen mit Fackeln am Strand, trinken einen guten Wein und haben Spaß! Das Schöne daran ist, dass es kaum etwas kostet. *Best things in life are free!* Wir haben einfach unseren Spaß! Wer dazu kommt, ist dabei! Und ob wir am Strand schlafen oder im Haus, das ist alles völlig egal! Wir müssen nichts planen, wir legen einfach los! Ehrlich gesagt, als wir uns das erste Mal gesehen haben und ich Dir zugewunken habe, da habe ich nicht geglaubt, dass Du zu uns kommst!"

„Ich habe damals nicht überlegt. Es war ein Impuls. Hätte ich nachgedacht, dann wäre ich nicht zu Dir gekommen."

Jenny holt zwei Getränke und gibt eines davon Sandra. „Auf die Spontanität!"

„Auf die Spontanität!"

Die zwei Freundinnen stoßen an, trinken ihren Drink und schauen auf das Meer. „Ich kann mich nicht sattsehen an den Wellen! Es ist so wunderschön. Und es ist verlässlich. Du kannst ganz sicher sein, dass immer eine Welle nach der anderen kommt!"

Beide blicken in die Abendsonne und genießen den Abend, bis sie irgendwann einschlafen.

Als Sandra am nächsten Morgen wach wird, macht sie sich auf den Weg zu Maik. Dort angekommen fragt er sie: „Hast Du schon gefrühstückt?"

„Nein!", antwortet sie. „Ich hatte keine Zeit dafür!"

„Wunderbar! Ein leerer Magen ist sicher nicht schlecht! Wir frühstücken dann später vielleicht!"

Maik fährt mit Sandra nach Morro Jable. „Was hast Du diesmal mit mir vor?", fragt sie.

„Heute haben wir „Verrücktheit" als Thema. Du sollst neue Erfahrungen sammeln – und vielleicht lernst Du heute auch Deine Grenzen kennen! Du hast mir doch gesagt, dass es hier keinen Tandemsprung gibt. Ich habe aber trotzdem etwas für Dich gefunden: *Parasailing!*"

„Was ist das?"

„Du lässt Dich an einem Gleitschirm von einem Motorboot in den Himmel ziehen! Du bist dann auf 150 Meter Höhe und hast einen sagenhaften Ausblick. Es wird Dir mit Sicherheit gefallen! Außerdem wirst Du merken, dass Du nicht immer alles steuern kannst. Du musst akzeptieren, auch mal loszulassen! Manchmal bist Du einfach den Elementen ausgeliefert!"

„Machst Du das auch?"

„Das habe ich längst hinter mir. Und ich kann Dich beruhigen: Oben geblieben ist noch niemand!", sagt Maik lachend.

„Sehr witzig!", antwortet Sandra. „Aber ich mache es, keine Frage! Von oben betrachtet sind alle Sorgen und Bedenken ganz klein, das habe ich schon beim Abflug in Frankfurt gedacht."

Als Sandra startet, steht Maik strahlend am Bootssteg und winkt ihr zu. „Viel Spaß dabei!", sagt er.

„Danke, den werde ich hoffentlich haben!", antwortet sie.

Nach 30 Minuten kommt sie zurück und ist hellauf begeistert. „Das war eine tolle Erfahrung! Dieser Kick ist der Wahnsinn! Plötzlich bist Du auf dieser Höhe. Du lässt alles mit Dir geschehen. Weißt Du, was für mich völlig ungewohnt war? Ich musste Vertrauen haben und etwas geschehen lassen! Anfangs war der Gedanke schlimm für mich! Ich dachte, was ist, wenn die da unten keine Ahnung haben? Ich stürze vielleicht ab und ertrinke im Meer. Egal was passiert, ich kann alles nur miterleben, bin passiv und quasi nur Zuschauer."

„Was soll da groß passieren? Die ziehen Dich hoch und Du kommst wieder runter!", sagt Maik lachend.

„Später wurde es ja besser. Irgendwann dachte ich, dass die das jeden Tag machen, dass ich sicher bin und einfach nur Spaß haben werde. Ab dem Zeitpunkt war alles gut!"

„Ich habe übrigens ein paar Fotos von Dir gemacht. Das ist vielleicht etwas für Dein *Visionboard* – auch wenn Parasailing auf Deiner Liste schon abgehakt ist!"

„Darauf freue ich mich schon – dieses *Board* zu gestalten und es immer wieder anschauen zu können ..."

„Dann lass uns jetzt weiterfahren. Wir müssen nämlich noch nach Costa Calma! Und frag mich jetzt nicht, was wir dort machen. Du wirst es früh genug sehen!"

"Gut, ich lasse alles auf mich zukommen! Aber was ist mit unserem Frühstück? Hast Du gedacht, dass ich nach dem Parasailing nichts mehr runter bekomme?"

„Nicht wirklich! Du bekommst Dein Frühstück, wenn wir angekommen sind! Völlig verrückte Events anzubieten könnte mir übrigens auf Dauer richtig Spaß machen!"

Sandra muss lachen. Was hat sie nur für einen durchgeknallten Freund gefunden ...

Maik hält Wort und so genießen beide zuerst einmal ein umfangreiches Frühstück in Costa Calma, bevor sie zu einem Treffpunkt im Ort weiterfahren.

Sandra staunt, als sie eine Gruppe Buggys sieht, die extrem geländetauglich aussehen.

„Wir machen jetzt noch eine *Buggy-Tour!*", sagt Maik zu ihr.

„Wahnsinn! Wohin fahren wir denn?"

„Zuerst die Südostküste entlang, zur Felsküste bei La Lajita, dann in die Berge und nach La Pared. An der Westküste machen wir eine Pause. Danach geht es wieder zurück auf die Südostseite. Zum Schluss fahren wir südlich von Costa Calma über eine Sandpiste auf einen Berg und haben eine gigantische Aussicht! Die Tour geht über mehrere Stunden und wieder einmal wirst Du Gegensätze kennenlernen: Einerseits die karge Landschaft, andererseits die Leistungsfähigkeit dieser Buggys! Vielleicht solltest Du schon mal eine Ganzkörpermassage in Deinem Luxushotel buchen, denn Du wirst gleich ordentlich durchgeschüttelt werden!"

„Egal, ich finde die Idee super. Lass uns starten!"

Nach einer anstrengenden und beeindruckenden Fahrt machen sie nach ungefähr zwei Stunden Pause. Sie sind mit einer kleinen Gruppe unterwegs und alle sind völlig begeistert. Die Unterbrechung an der Westküste tut ihnen gut. Während sich alle etwas ausruhen und ein wenig stärken, sagt Sandra: „Ich spüre bereits jeden einzelnen Knochen! Es ist anstrengend, aber es macht wahnsinnig Spaß! Für mich ist das eine Mischung aus *Lawrence von Arabien* und der *Rallye Paris – Dakar*. Ich spüre überall Sand und Staub. In der Nase, den Ohren, den Augen, selbst in den Taschen meiner Jeans. Ich denke, selbst in Frankfurt wird mir noch Sand aus den Haaren rieseln. Aber ich möchte diese Tour nicht missen, es ist das Verrückteste das ich jemals gemacht habe. Danke schon jetzt dafür! Ich bin begeistert!"

„Jetzt weißt Du, was ich gemeint habe! An diese Eindrücke sollst Du denken, wenn Du mal an Dir zweifelst. Oder wenn Du einen schwachen Tag hast! Die Gedanken an solche Erlebnisse bringen Dich wieder hoch! Wenn Dein letztes Erlebnis ein Grillabend im Schrebergarten war, dann motiviert Dich das vermutlich nicht. Aber Tage wie diese sind etwas ganz Besonderes! Das ist etwas, woran Du lange denkst und was Du wieder erleben willst. Also hältst Du durch und machst weiter!"

„Ich liebe Deine Art zu motivieren! Wirklich, es ist einzigartig!"

Die Pause ist zu Ende und die Tour geht weiter. Kurz vor Tourende halten sie wieder an. Sie stehen auf einer riesigen Düne und schauen auf einen gigantischen Krater und in Richtung Meer.

„Das ist völlig surreal! Das ist wie eine Wüste mit einer Oase im Hintergrund! Niemals hätte ich gedacht, dass mich das so faszinieren kann! Diese Kombination ist so unwirklich! Du bist mitten auf dem Asphalt und zehn Minuten später weit oben in den Dünen! Dieser schnelle Wechsel ist unglaublich! Zwischendurch hatte ich den Eindruck, nur zu träumen. Aber es *ist* traumhaft!"

„Dann habe ich mein Ziel erreicht! Du hast ein Leuchten in Deinen Augen, das ist herrlich! Anfangs hattest Du dieses Leuchten nicht. Ich habe sofort gespürt, dass es verloren gegangen ist. Du warst so traurig und voller Lethargie! Aber jetzt bist Du lebendiger denn je. Jetzt fahren wir zurück und dann hast Du Zeit, um Deine Eindrücke zu verarbeiten.

Ich will, dass Du diese tollen und verrückten Erlebnisse, dieses positive Gefühl für Dich abspeicherst! Du musst genau spüren, wie Du Dich dabei fühlst! Wie dieses Glücksgefühl ist! Dieses Kribbeln im Körper, wenn Du daran denkst! Diese Einzigartigkeit!

Genau dieses Gefühl ist es, wenn all Deine Träume wahr werden! Du sollst süchtig nach diesem Glücksgefühl sein! Andere brauchen Drogen, Du brauchst nur dieses Glücksgefühl! Wenn Du dieses Gefühl nicht vergisst, dann wirst Du alles geben, um Deine Träume wahr werden zu lassen!"

Sandra sitzt gedankenversunken neben Maik im Jeep und fährt mit ihm zurück nach Costa Calma. „Mein Aufenthalt hier ist ja bald zu Ende. Was machen wir noch zusammen? Ich kann mir überhaupt nicht vorstellen, von hier wegzugehen. Die Landschaft, die Eindrücke, unsere Zeit hier, die Gespräche mit Jenny ... so viele neue Dinge sind mir auf einmal ganz wichtig!"

„Wie geht es ihr denn inzwischen? Denkst Du, sie ist einen Schritt weiter? Hat sie Deine Unterstützung angenommen?"

„Ja! Wir sind gute Freundinnen geworden! Irgendwie ist sie mir näher als alle früheren „Freundinnen". Das ist ein seltsames Gefühl ..."

„Bring sie das nächste Mal wieder mit, wenn sie möchte! Aber zurück zu Deiner Frage. Morgen sollst Du wieder Zeit für Dich haben. Übermorgen kommt Dein *Startschuss*! Danach machen wir uns einen wunderschönen Abend, feiern Deinen Neustart zusammen mit Jenny und dann geht es am nächsten Tag zurück nach Deutschland.

Du bist trotzdem nicht allein. Du bist beschützt unter Freunden. Entspann Dich!"

Sandra schluckt und sagt: „Deine Worte tun wirklich gut! Es ist wunderbar, Dich als Freund zu haben! Ich danke Dir so sehr!"

Erschöpft, aber glücklich fährt Sandra mit ihrem Jeep zu Jenny.

„Hast Du Zeit und Lust, mit mir etwas zu unternehmen?", fragt sie.

„Klar, immer!", antwortet Jenny. „Wie war Dein Ausflug mit Maik?"

Sandra berichtet voller Begeisterung vom *Parasailing* und von der *Buggy-Tour*. „Maik hat Dich übrigens für übermorgen eingeladen. Morgen unternehme ich nichts mit ihm, aber übermorgen kommt dann der Abschluss und danach wollen wir zusammen feiern. Er hat übrigens auch nach Dir gefragt, will wissen, wie es Dir geht und ob Du inzwischen eine Ahnung hast, in welche Richtung Du Dich entwickeln willst. Er hat mich auch gebeten, Dich zu unterstützen. Somit *müssen* wir also in Kontakt bleiben! Wie findest Du das?"

„Unendlich schön! Ich habe mich schon oft gefragt, wie das Leben manchmal funktioniert. Du bist zu einem bestimmten Zeitpunkt an einem ganz bestimmten Ort, und das bestimmt dann Dein weiteres Leben. Wärst Du an dem Tag im Bett geblieben oder rechts abgebogen statt links, dann hättest Du vielleicht jemanden kennengelernt, mit dem Du Dein Leben lang glücklich bist. Ich habe das nie begriffen und es wird wohl auch so bleiben. Aber diese Art von Zufällen hat uns zusammengebracht. Heute kann ich mir nicht mehr vorstellen, Dich nicht als Freundin zu haben. Es ist, als würden wir uns schon immer kennen!"

„Weißt Du was? Ich möchte heute nur noch den Sonnenuntergang zusammen mit Dir ansehen! Danach muss ich mich hinlegen. Ich bin so durchgeschüttelt worden während der Tour, das wird der schlimmste Muskelkater meines Lebens!"

Jenny muss lachen. „Na gut! Dann bleib doch über Nacht hier. Morgen geht es dann weiter. Dir soll ja nicht langweilig werden!"

Nachdem die Sonne untergegangen ist, gehen beide zu Bett. Früher konnte ich nie gut einschlafen, sind Sandras letzte Gedanken. Direkt danach fällt sie in tiefen Schlaf.

Es ist zehn Uhr morgens, als Sandra wach wird. Ein tiefer, durchdringender Ton weckt sie auf. Es klingt wie ein Horn. Sie reibt sich die Augen und überlegt, ob sie träumt oder wach ist. Um sie herum stehen Jenny und alle anderen Bewohner des Strandhauses. Einer von ihnen bläst ein Muschelhorn und steht direkt vor ihr. Alle haben einen Riesenspaß und sind total begeistert, weil Sandra völlig ungläubig um sich schaut.

„Ihr seid alle irgendwie verrückt – aber das ist okay! Ich fühle mich hier wohl und passe gut dazu!", sagt sie. Die gesamte Gruppe lacht und mehrere der Jungs heben sie aus dem Bett.

„Was habt ihr jetzt wieder vor?", fragt sie.

„Erst frühstücken und dann haben wir etwas vorbereitet!"

„Wollt ihr mich loswerden? Ich bin doch schon fast weg!"

„Im Gegenteil! Du sollst so viele tolle Eindrücke haben, dass Du nie wieder von hier wegwillst!", sagt einer der Jungs.

„Ihr seid komplett durchgeknallt! Wenn es doch nur mehr von euch geben würde!"

Sandra setzt sich auf die Veranda und alle frühstücken. Sie schaut Jenny an, mit der sie noch kein einziges Wort reden konnte. Jenny lacht nur.

„Unsere heutige Mission heißt *Stand Up Paddling*. Die Jungs haben Boards für uns organisiert und jetzt probieren wir das aus!"

„Letztens habt ihr noch gelästert, wieviel Wasser ich beim Wellenreiten geschluckt habe. Wollt ihr mich ersäufen?"

„Du hast das selbst so gewollt. Und jetzt lästere nicht länger!"

„Okay, dann lasst uns paddeln! Das habe ich mir ja schon immer gewünscht ... auf einem Wackelbrett stehen und die Sekunden zählen, bis ich im Wasser lande ...", sagt Sandra und lacht.

Alle gehen gemeinsam zum Strand. Die Jungs paddeln ein paar Minuten im Stehen und sind sich einig, dass das zwar kein Sport ist, aber eine beruhigende Wirkung haben kann.

Jenny und Sandra versuchen es noch eine Weile an einer ruhigen Stelle. Beide haben ihren Spaß dabei und können abschalten.

Danach setzen sie sich an den Strand und genießen es, dem Spiel der Wellen zuzusehen.

„Ich habe hier verdammt viel gelernt!", sagt Sandra schließlich. „Ich habe gelernt, das Leben zu genießen. Nicht alles infrage zu stellen! Offen gegenüber Neuem zu sein! Nur noch Dinge zu tun, die ich selbst wirklich will! Nichts mehr zu tun, was andere Menschen von mir verlangen! Mir zu erlauben, an mich selbst zu denken! Und Grenzen zu überschreiten!

Es kommt mir vor, als wenn ich jetzt erst zu leben beginne. Ich möchte so viel nachholen! Es ist so komisch und so irreal. Ich habe bis gestern immer funktioniert und alles war für mich in Ordnung. In Ordnung, weil ich es irgendwie ertragen konnte. Aber wenn ich jetzt wieder mein altes Leben führen müsste, dann würde ich daran zerbrechen. Wie schnell kann doch ein Lebensmodell zerfallen, das über Jahrzehnte irgendwie funktioniert hat!"

„Du sagst immer, dass Du unheimlich viel von Maik lernst. Ich lerne wahnsinnig viel von Dir! Ich lerne, weil es sich ehrlich und gut anfühlt!"

„Danke! Wir sehen uns wieder! Aber für heute fahre ich zurück ins Hotel. Ich sortiere schon mal mein Gepäck, checke den Rückflug und lasse mir eine Massage geben. Es gibt eigentlich nichts, was mir nicht wehtut!"

Sandra geht zurück ins Hotel und gönnt sich ein Komplett-Programm. Sie genießt ihre Behandlung und geht danach noch an die Hotelbar, die zu der frühen Stunde noch leer ist. Bei einem Gin Tonic kommt sie mit der Barkeeperin ins Gespräch.

„Ich habe Sie hier noch nie gesehen. Sind Sie gerade frisch angekommen?", fragt die Barkeeperin.

„Nein, heute ist mein vorletzter Abend, ich war dann drei Wochen hier!", antwortet Sandra.

„Hat es Ihnen hier nicht gefallen? Wir sind immer sehr bemüht, alle Gäste zufriedenzustellen."

„Das ist es nicht! Bisher konnte ich nie genug Luxus bekommen. Das Hotel ist super und das Angebot ist sehr umfangreich. Aber ich habe mich verändert, seitdem ich hier bin. Mir ist das inzwischen alles zu viel. Zu viele Zimmer, ein zu großes Buffet, zu viele Angebote, zu viele Menschen und zu viel Lärm. Bei mir hat sich privat und beruflich viel verändert und ich möchte künftig ruhiger und einfacher leben.

Mir fehlen das Bodenständige und die Normalität. Wenn ich mich bei den Gästen umschaue, dann regen sich manche über Dinge auf, die andere nicht einmal kennen. Die meisten Gäste genießen nicht, die konsumieren nur und stellen sich und ihr Vermögen zur

Schau. Ich kann kaum glauben, dass ich bis vor ein paar Wochen auch so war."

„Das macht Sie sehr sympathisch! Es ist toll, mal mit einem Gast wie Ihnen reden zu können! Fast alle halten sich für etwas ganz Besonderes und zeigen keinerlei Wertschätzung anderen Menschen gegenüber. Und das Personal wird entweder ignoriert, angemeckert oder angebaggert. Wenn man sich dagegen wehrt und es zu einer Beschwerde kommt, dann hat natürlich immer der Gast Recht, egal wie er sich verhalten hat!"

„Vielleicht gibt es in kleineren Hotels noch normale Gäste. Ich hätte auch lieber ein kleines Angebot mit einheimischer Küche und nicht diese Riesenbuffets, wo sich alle die Teller voll schaufeln und noch dreimal nachladen, weil es ja nichts kostet."

„Wie leben Sie denn zuhause?"

„Ich lebe und arbeite in Frankfurt. Noch! Alles ist eng, teuer und megahektisch! Das Wetter ist schlecht, die meisten Menschen sind mies gelaunt und nur auf ihren eigenen Vorteil bedacht."

„Wie halten Sie das denn aus, wenn Sie eigentlich ganz anders denken?"

„Gar nicht. Gar nicht *mehr*! So richtig ist mir das erst während meines Urlaubs klar geworden. Ich habe gleich am Anfang durch einen glücklichen Zufall jemanden kennengelernt, der selbst vor ein paar Jahren sein Leben komplett geändert hat. Er hat sein Leben stark vereinfacht, lebt inzwischen dauerhaft hier, macht nur noch das, was er will und ist zufrieden und glücklich. Wir kamen ins Gespräch, weil er eine unbeschreibliche Ruhe und Gelassenheit ausstrahlt. Ich habe viel von ihm gelernt und kehre jetzt zurück nach Frankfurt, weil ich dort alles auflösen will und danach für immer hier leben möchte."

„Das klingt spannend! Ich wünsche Ihnen viel Glück und Erfolg dabei!"

„Danke! Schade, dass wir uns jetzt erst kennenlernen! Ich bin übrigens Sandra."

„Mein Name ist Juanita. Komm doch mal vorbei, wenn Du hier lebst! Ich würde mich freuen und vielleicht kann ich Dir ja den einen oder anderen Tipp geben, wenn Du Fragen hast!"

Sandra verabschiedet sich und geht auf ihr Zimmer. Der ganze Tag, die Massage und der Cocktail haben sie müde gemacht. Eigentlich sollte ich noch etwas im Freien sitzen, denkt sie sich, legt sich kurz auf ihr Bett und schläft sofort erschöpft ein.

Am nächsten Morgen fährt sie zu Jenny, nimmt sie mit und fährt mit ihr weiter zu Maik.

„Wie war der gestrige Tag und wie ist Dir unser Ausflug bekommen?", fragt Maik interessiert.

„Gestern war alles super! Etwas Bewegung, ansonsten viel Ruhe und lange, intensive Gespräche. Vorgestern war der Hammer! Aber ich habe den größten Muskelkater meines Lebens!"

Maik kann sich ein Grinsen nicht verkneifen. „Komisch, mir geht es gut, ich spüre nichts!", antwortet er. „Jenny, es ist super, dass Du auch da bist! Sandra hat mir berichtet, dass Du ebenfalls an Dir und an Deinen Zielen arbeitest. Mit ihrer Unterstützung wirst Du bestimmt bald das finden, wonach Du schon immer gesucht hast!

Sandra, heute fällt der Startschuss für Dein neues Leben! Du erfüllst inzwischen alle Voraussetzungen dafür. Ich habe zwei Zitate für Dich. Das erste Zitat lautet: *„Chancen multiplizieren sich, wenn man sie ergreift."* Das zweite heißt: *„Furcht ist der Gegner, der einzige Gegner."*

Beide stammen übrigens aus dem Buch *„Die Kunst des Krieges"* von *Sunzi*, einem chinesischen General und Philosoph, der um 544 bis 496 v. Chr. gelebt hat. Dieses Buch ist heute noch einer der wertvollsten Strategieratgeber.

Also: Nutze Deine Chancen und stell Dich Deiner Angst! Geübt hast Du es während der letzten Wochen, Mut hast Du auch bewiesen. Dir steht jetzt alles offen!

Nun wird Dein Traum Realität! Lass ihn wahr werden und träum nicht länger von morgen! Jeder weitere Tag, an dem Du noch zögerst, ist ein verlorener Tag!

Nimm Dir etwas Zeit und stell Dir vor, wie es sich anfühlt, wenn Deine tiefsten und innigsten Herzenswünsche in Erfüllung gehen! Du hast genügend Eindrücke gesammelt. Sorge dafür, dass Du jeder Tag dieses wunderbare, innige Glücksgefühl hast!

Verschiebe nicht länger alle schönen Dinge auf später, denn manchmal gibt es kein „später" mehr! Also lebe jetzt und starte jetzt!`

„Ich danke Dir! Danke für Deine Unterstützung und für Deine vielen Beispiele! Alles wonach ich gesucht habe, hast Du mir damit auf so einfache Art erklärt! Als ich hier angekommen bin, war ich frustriert und habe an nichts mehr geglaubt. Nicht einmal an mich. Weder an die Liebe noch an die Zukunft.

Heute fühle ich komplett anders und kann mit allem viel gelassener umgehen. Ich werde weiter an mir arbeiten. Aber mir ist jetzt bewusst, wie viel Kraft, Energie und Willen in mir steckt. Ich war noch nie so glücklich und voller Freude auf die Zukunft."

„Das hast Du wunderbar gesagt! Dann gibt es jetzt noch drei Dinge zu tun!"

„Und die wären?"

Zuerst musst Du in meine Scheune gehen. Dort stehen jede Menge Töpfe und Vasen aus Steingut. Such Dir etwas möglichst Großes aus, und bring es zu uns!"

Sandra verschwindet wortlos in der Scheune. Nachdem sie sich kurz umgeschaut hat, kommt sie mit einer großen Vase zurück. „Und nun?", fragt sie.

„Jetzt nimmst Du einen Zettel und einen Stift und schreibst alles auf, was Du nie mehr in Deinem Leben haben willst. Deinen Ex, falsche Freunde, Hektik, unangenehme Vorgesetzte, mieses Wetter, Stau, Nörgler ... alles, was Dir einfällt!"

Sandra setzt sich hin, überlegt und schreibt. Nach zehn Minuten ist sie fertig und kommt mit dem Zettel zurück.

„Nun zerknüllst Du den Zettel und steckst ihn in die Vase! Dann hebst Du sie hoch und sagst zu Dir selbst, dass alles, was Du Dir notiert hast, für immer aus Deinem Leben verschwindet!

Sag es laut und überzeugend – und danach wirfst Du die Vase gegen die Wand! Das ist symbolisch für Deinen Neubeginn!"

Sandra zerknüllt das Papier, stopft es in die Vase, hebt sie hoch und hält inne. Sie räuspert sich und beginnt. Nach wenigen Worten muss sie husten und ihre Stimme überschlägt sich. Maik gibt ihr ein Glas Wasser.

Danach versucht sie es erneut. Jetzt ist sie ruhiger geworden und sagt mit lauter Stimme, was Maik ihr gesagt hat. Dann wirft sie die schwere Vase mit voller Kraft gegen die Wand. Überall liegen Scherben herum und der Zettel wird vom Wind langsam weggeweht.

Sandra atmet tief durch. Dann lächelt sie.

„Gut! Ich habe von drei Dingen gesprochen, die noch zu tun sind. Jetzt kommt der nächste Teil! Wartet auf mich, ich bin gleich wieder zurück!"

Maik verschwindet im Haus und kommt nach einigem Suchen mit einem Bogen und einem Köcher mit Pfeilen zurück. „Hinter dem Haus steht eine Zielscheibe. Jetzt üben wir Bogenschießen. Die Zielscheibe stellt Dein neues Lebensziel dar. Wenn Du sie triffst, dann ist das symbolisch für Deinen persönlichen Erfolg, wie immer Du ihn Dir vorstellst!"

Beide gehen hinter das Haus und Maik erklärt, worauf Sandra achten muss. „Du musst lernen, Dich zu konzentrieren und Deine Kräfte gezielt einzusetzen. Auch hier geht es wieder um die Fokussierung auf das Wesentliche: Du, der Bogen, der Pfeil und das Ziel!

Beim traditionellen Bogenschießen hast Du keine Hilfsmittel. Du konzentrierst Dich auf das Ziel und handelst aus dem Bauch heraus. Dabei triffst Du bewusste und auch unbewusste Entscheidungen."

Maik nimmt den Bogen, spannt ihn, zielt und trifft auf Anhieb. „Ich mache das seit vielen Jahren. Es hilft Dir, Deinen Fokus zu finden. Aber jetzt bist Du dran! Ich zeige Dir, wie Du stehen musst, wie Du atmen musst, worauf Du achten musst – einfach alles, was Du wissen musst!"

Sandra lässt sich von Maik führen und lernt schrittweise die Philosophie des Bogenschießens kennen. Nach einigen Versuchen trifft sie schließlich die Zielscheibe und ist begeistert.

„Es hat erst funktioniert, als ich mich nur noch darauf konzentriert und alle anderen Gedanken komplett ausgeschaltet habe! Zuerst ging mir noch alles Mögliche durch den Kopf. Dann dachte ich, dass ich es unbedingt schaffen *muss*. Aber erst als ich losgelassen habe und das Erreichen der Zielscheibe kein Muss mehr für mich war, bin ich locker und entspannt geworden. Dann war es leicht. Es war wie ein Spiel und ich war nicht mehr verkrampft!"

„Dann hast Du begriffen, was dahintersteckt! Wieder einmal gilt: „Weniger ist mehr!" Die Fokussierung auf das Wesentliche führt Dich zum Erfolg!"

„Ich lerne immer wieder etwas Neues über mich. Einen solchen Veränderungsprozess konnte ich mir früher nicht vorstellen! Selbst am letzten Tag bekomme ich noch neue Impulse!"

„Das freut mich sehr! Diese beiden Erlebnisse, das Zerschlagen der Vase und das Treffen des Ziels mit dem Bogen, sollen immer in Deinem Gedächtnis bleiben! Für Dich gilt ab sofort, dass alle negativen Dinge Vergangenheit sind und dass Du jedes Deiner Ziele erreichen kannst!

Damit kommen wir zum dritten und letzten Teil. Jetzt feiern wir das, was Du erreicht hast! Du hast gelernt, dass Ziele erreichbar sein müssen und dass man sie auch feiern muss. Feiern, um sich zu belohnen! Das motiviert Dich für den nächsten Schritt, der ja in den nächsten Tagen bereits beginnt. Wann genau startest Du mit Deinem Plan? Du weißt ja, wichtig sind feste Termine und klare Ziele!"

„Ich starte am Morgen nach meiner Ankunft in Frankfurt!"

„Gut! Gerade der Beginn wird gerne verschoben. Eine verbindliche Aussage ist wichtig!"

„Sandra, ist eigentlich alles mit Deinem Rückflug geregelt?", fragt Jenny.

„Ja! Der Flug ist bestätigt, ich habe fast alles gepackt. Morgen früh checke ich aus und fahre mit dem Leihwagen zum Flughafen. Alles ist bestens!"

„Dann wird jetzt gefeiert! Dazu fahren wir alle zum Strandhaus, dort wird gegrillt, getrunken und Musik gemacht. Ich fahre Dich danach zu Deinem Hotel, damit Du morgen pünktlich starten kannst!"

Sandra, Jenny und Maik fahren zum Strandhaus, wo die Vorbereitungen bereits in vollem Gang sind. Alle tauschen ihre Kontaktdaten aus und beschließen, regelmäßig Kontakt über Skype zu halten. Es ist ein wunderbar entspannter Abend, voller Spaß und Leichtigkeit. Eine Zeit unter Freunden, die keiner missen möchte. Ein Abend, der wieder einmal zeigt, dass Freude, Glück und Zufriedenheit unabhängig von Geld sind!

Als Sandra sich schließlich gegen Mitternacht verabschiedet, fällt ihr die Trennung von den Freunden sichtbar schwer. „Ich danke euch für alles und ich verspreche, dass wir uns wiedersehen!", sagt sie und ist tief gerührt. Alle umarmen sie und winken ihr zum Abschied, als sie mit Maik zum Hotel fährt.

Dort angekommen sagt sie zu Maik: „Ich kann Dir nicht sagen, wie sehr Du mein Leben verändert hast! Du bist ein einzigartiger Mensch und ich danke Dir für alles! Ich vermisse Dich jetzt schon und wir bleiben auf jeden Fall in Kontakt."

„Ich vermisse Dich auch! Du wirst es schaffen und in knapp sechs Monaten sind wir Nachbarn auf der Insel! Ich unterstütze Dich und bin für Dich da! Übriges habe ich noch eine Kleinigkeit für Dich zum Abschied. Sieh es Dir aber erst an, wenn Du morgen im Flieger sitzt!"

Maik drückt Sandra eine kleine Geschenkbox in die Hand. Beide umarmen sich und Maik fährt davon.

Nach einer viel zu kurzen Nacht steht Sandra pünktlich auf, packt die restlichen Kleinigkeiten, sortiert ihre Papiere und checkt im Hotel aus. Danach fährt sie zum Flughafen, gibt den Leihwagen ab und geht zum Flughafenschalter. Nach dem Check-in trinkt sie einen Kaffee und geht an Bord. Als das Flugzeug abhebt, schaut sie aus dem Fenster und blickt auf die Insel, die schnell immer kleiner wird.

Diesmal ist es ganz anders, denkt sie. Beim Start in Frankfurt war es ein Gefühl der Erlösung, weil alle Probleme und Sorgen dortgeblieben sind. Diesmal fühlt es sich anders an. Einerseits ist es Traurigkeit, fern von den neuen Freunden und dieser wunderbaren Insel zu sein. Andererseits ist es Freude und Euphorie, weil in Frankfurt alle Zelte abgebrochen werden und nach nicht einmal sechs Monaten ein völlig neues Leben beginnt. Ein Leben voller Abwechslung, Freude und Glücksgefühle!

Sandra lehnt sich entspannt zurück, schließt die Augen und denkt an die vielen wunderbaren Erlebnisse, die sie auf der Insel hatte. Plötzlich fällt ihr die Geschenkbox von Maik ein. Sie öffnet die Box und findet eine wunderschöne Muschel und einen Brief. Sofort beginnt sie zu lesen.

„Liebe Sandra, wenn Du das liest, dann schwebst Du wahrscheinlich gerade über den Wolken. Dieses Gefühl sollst Du auch behalten, wenn Dich der Alltag eingeholt hat!

Du hast in den vergangenen Wochen sehr viel gelernt und jede Menge neue Eindrücke gesammelt. Du bist gewachsen und hast Dir damit selbst die Basis für Dein neues Leben geschaffen!

Ich bin stolz auf Dich und weiß, dass Du Deine Ziele erreichen wirst. Wenn es mal schwierig wird, dann nimm diese Muschel in die Hand und glaube an Dich und an Deine innigsten Wünsche!

Alles Liebe wünscht Dir Maik.“

Sandra lächelt. Voller Dankbarkeit betrachtet sie den Brief und liest ihn noch mehrere Male. Jetzt kann mich nichts mehr aufhalten, denkt sie. Nun beginnt mein neues Leben! Ich bin zufrieden und glücklich und lebe meine Wünsche aus! Die kommende Zeit wird wunderbar!“

Zufrieden lehnt sie sich auf ihrem Sitz zurück und schließt die Augen. Sandra erwacht, als die Stewardess die Passagiere über die anstehende Landung in Frankfurt informiert.

Ich bin bereit, denkt Sandra. Bereit für den Ausstieg aus Frankfurt und für alles, was mich damit verbindet! Bereit für den Start in eine völlig andere Welt! Alles, was ich mir immer gewünscht habe, beginnt *jetzt*!

Fazit:

- Verpflichte Dich Dir selbst gegenüber!
- Je flexibler Du bist, desto größer ist Dein Vorteil!
- Perfektionismus und 100 Prozent-Lösungen sind völlig überflüssig – nutze das Pareto-Prinzip!
- Besondere Erlebnisse sind wichtig, damit Du nie aufgibst!
- Nutze Deine Chancen!

Arbeitsteil

Die Bucket List

Eine Bucket List ist eine Liste mit Dingen, Erfahrungen und Erlebnissen, die Du in Deinem Leben unbedingt noch machen oder haben möchtest.

Für mich ist es ein großer Notizzettel, den ich immer bei mir habe und auf dem ich jede neue Idee sofort eintragen kann.

Du kannst Deine Liste zusätzlich in Kategorien einteilen, solltest dann aber nicht zu viele verwenden. Eine mögliche Unterteilung wäre:

- Beruf und Geld
- Wohnen
- Beziehung und Familie
- Privatleben (Freunde und Hobbies)
- Gesundheit

Zusätzlich ist noch eine weitere Unterteilung in kurz-, mittel- und langfristig erreichbare Ziele denkbar.

Mein Motto lautet: „Weniger ist mehr!". Ich nutze keine Unterteilung und notiere einfach der Reihe nach, was mir einfällt. Dies kann in Papierform oder in elektronischer Form geschehen. Ich verwende eine einfache Memo-Funktion auf dem Smartphone. Wichtig ist mir in erster Linie die Spontanität.

Jedes Mal wenn ich etwas gemacht habe, was auf der Liste steht, setze ich einen Haken. Glaub mir, es macht verdammt viel Spaß, diesen Haken zu setzen und das Erlebte in Gedanken Revue passieren zu lassen!

Wie findest Du nun Deinen Inhalt für die Liste?

Zuerst notierst Du Dir alles, was Dir spontan einfällt – also die Punkte, die ganz oben stehen bei Deinen Träumen und Wünschen.

Danach gilt: Je kreativer Du bist, desto mehr Punkte werden auf Deiner Liste stehen! Hier ein paar Ansatzpunkte für Dich:

- Welche Kindheitsträume fallen Dir ein?
- Beim Gedanken an welche Dinge bekommst Du Glücksgefühle?
- Was würdest Du unbedingt noch erleben wollen, wenn Du nur noch kurze Zeit leben würdest?
- Welche Wünsche hättest Du, wenn Geld keine Rolle spielen würde?
- Welche Wünsche haben Deine besten Freunde?

Leg los und probiere es!

Meine **Bucket List (Auszug)**

- Eine kleine Finca kaufen und renovieren
- Strandsegeln in St. Peter-Ording!
- Bogen schießen!
- Geländetour mit einem Jeep!
- Portugiesisch lernen!
- Einen Stein übers Wasser springen lassen!
- *„Fat Freddy´s Drop*" live erleben!
- Alte Dias anschauen!
- Das Guggenheim Museum in Bilbao besuchen!
- Einen Schießstand besuchen!
- Jetski fahren!
- Einen Film in einem Autokino sehen!
- Urlaub auf einem Hausboot machen!
- Mit einer Segelyacht in der Karibik segeln!
- Drei Monate auf Neuseeland verbringen!
- Flamingos in der Camargue sehen!
- Mit dem Wohnmobil von Vancouver nach Nova Scotia fahren!
- Mit dem Motorrad ans Nordkap fahren!
- Mit einem Buggy am Strand fahren!
- Das Architekturmuseum in Weil am Rhein besuchen!

Auch kleine Dinge können besonders sein und Freude bereiten!

Was wolltest Du schon immer machen?

Das Visionboard

Ein Visionboard ist eine Visualisierung Deiner Wünsche, Träume und Ziele.

Ein grundlegender Vorteil besteht darin, dass die begrenzte Fläche klare Entscheidungen erfordert. Es ist also nicht möglich, sich zu verzetteln. Du konzentrierst Dich somit auf die Wünsche und Ziele, die die größte Bedeutung für Dich haben.

Hier ein paar Ansatzpunkte für die Gestaltung Deines Visionboards:

- Wie soll mein Wunschleben im Detail aussehen?
- Was will ich fühlen und denken beim Betrachten des Boards?
- Sind meine Träume groß genug, um mich dauerhaft zu motivieren?
- Habe ich Bilder gewählt, die kraftvoll und ausdrucksstark sind?

Du kannst Dein Visionboard genau wie Deine Bucket List zusätzlich in Kategorien unterteilen, solltest jedoch auch hier nicht zu viele auswählen, damit die Übersichtlichkeit nicht verloren geht.

Dein Visionboard kann aus Fotos, Skizzen, Listen und verschiedenen weiteren Dingen bestehen.

Mein erstes Visionboard bestand aus Zetteln, ausgeschnittenen Fotos und Kopien, ein paar eigenen Fotos und weiteren Dingen. Das Gesamtbild war für mich jedoch nicht mehr als eine Pinnwand und damit ohne echte Bedeutung und ohne Emotionen! Das aktuelle Visionboard dagegen motiviert mich ungemein aufgrund der Klarheit und der Qualität der verwendeten Fotos.

Mein Motto ist deshalb auch hier „Weniger ist mehr!". Ich bevorzuge eine einfache Variante, da sie besser im Gedächtnis bleibt.

Ich nutze keine Unterteilung in Kategorien und verwende ausschließlich hochwertige Fotos mit starker Aussagekraft.

Mein Visionboard hat die Maße 70 x 60 cm. Es hängt bei mir an einem zentralen Ort an der Wand, wo ich es täglich immer wieder sehe. Zusätzlich ist es mein Hintergrundbild auf Laptop und Smartphone. Es begleitet mich also überall.

Aber wie sieht mein Visionboard genau aus?

Es besteht aus 17 Fotos, wobei ein großes Foto zentral in der Mitte angeordnet ist. Dieses Foto zeigt eine Felslandschaft am Meer auf einer Insel, die ich bereits bereist habe und wo ich gerne leben möchte.

Drumherum gibt es Fotos zu Landschaften und Erlebnissen, die ich persönlich kenne bzw. gemacht habe und nochmals erleben möchte sowie Fotos von Wünschen, die alle noch vor mir liegen. Das Verhältnis zueinander ist ungefähr 50:50.

Mir sind Fotos über extrem positive Erlebnisse aus der Vergangenheit sehr wichtig, weil mir dadurch mein Gesamtziel realistischer und besser erreichbar erscheint als wenn ich ausschließlich Wunschziele betrachten würde.

Auf Google findest Du unter dem Suchbegriff *„Lizenzfreie Fotos"* unzählige Anbieter hochwertiger Fotos. Unter *„Poster erstellen mit lizenzfreien Fotos"* gibt es viele Anbieter, bei denen Du Dein persönliches Visionboard mit selbst gewählten Fotos online gestalten kannst.

Probiere es einfach selbst aus!

Mein Visionboard

Mein Visionboard besteht wie schon erwähnt aus 17 aussagekräftigen Fotos. Besonders wichtig ist mir dabei das Zusammenspiel aller Fotos. Insgesamt betrachtet erzählen sie eine Geschichte und es handelt sich dabei um mein Wunschleben!

Zu den einzelnen Fotos:

- Mein Wohn- und Lebenswunsch: 4 Fotos
  - Wie möchte ich wohnen?
  - Welche Fahrzeuge möchte ich fahren?
  - Welches Segelboot möchte ich besitzen?
- Besondere Landschaften: 4 Fotos
  - Mein Lieblingsort (Berge und Meer auf einer Insel)
  - Eine spezielle Motorradstrecke in den Alpen
  - Eine besondere Kurve in den Bergen von Madeira
  - Ein Aussichtspunkt mit Blick hinab in die Wolken
- Besondere Zustände: 3 Fotos
  - Ein Sonnenuntergang am Atlantik
  - Ein Regenbogen der im Meer versinkt
  - Ein menschenleerer Sandstrand am Abend
- Besondere Erlebnisse: 3 Fotos
  - Ein Tandemsprung
  - Delfine in Freiheit erleben
  - Eine Motorrad-Reise fernab vom Tourismus
- Besondere Events erleben, Verrücktheiten: 2 Fotos
- Gin Tasting
- Individualität bei Kleidung, Schmuck etc.
- Neues Hobby: 1 Foto
  - Saxofon spielen lernen

Was motiviert Dich ganz besonders?

Brainstorming

Klarheit in allen Lebensbereichen!

Glück und Zufriedenheit sind wichtiger als Geld und Luxus!

Weniger ist mehr!

Spontanität zulassen!

Das Pareto-Prinzip nutzen!

Perfektionismus und 100 Prozent-Lösungen sind fehl am Platz!

Nur noch die Dinge tun zu denen ich stehe!

Einfachheit lässt einen die Dinge bewusster wahrnehmen!

Ziele müssen klar formuliert, realistisch und zahlenmäßig begrenzt sein!

Je weniger ich um mich herum angesammelt habe, umso freier bin ich in meinen Entscheidungen!

Intensiv und bewusst leben!

Lieber sofort anfangen als ewig nach der Ideallösung suchen und nie starten!

Checkliste „Meine heutige Situation"

Wie ausgewogen sind alle Bereiche meines Lebens?

Bereich „Beruf und Geld"

Was gefällt mir?

_____

_____

_____

Was möchte ich ändern?

_____

_____

_____

Bereich „Wohnen"

Was gefällt mir?

_____

_____

_____

Was möchte ich ändern?

_____

_____

_____

Bereich „Beziehung und Familie"

Was gefällt mir?

_____

_____

_____

Was möchte ich ändern?

_____

_____

_____

Bereich „Privatleben" (Freunde und Hobbys)

Was gefällt mir?

_____

_____

_____

Was möchte ich ändern?

_____

_____

_____

Bereich „Gesundheit"

Was gefällt mir?

_____

_____

_____

Was möchte ich ändern?

_____

_____

_____

=>Wie zufrieden bin ich mit meinem Leben?

_____

_____

_____

_____

Checkliste „Klarheit schaffen und aufräumen"

Wie sieht es in meinem Zuhause und in mir selbst aus?

Was besitze ich alles? (Immobilien, Gegenstände)

_____

_____

_____

Was brauche ich davon wirklich?

_____

_____

_____

Wann habe ich zuletzt bei mir entrümpelt?

_____

_____

_____

Was habe ich mindestens ein Jahr lang nicht benutzt?

_____

_____

_____

Was ist mein größtes Lebensziel?

_____

_____

_____

Verfüge ich über Rücklagen, um dieses Ziel zu verwirklichen?

_____

_____

_____

Wie hoch sind meine monatlichen laufenden Kosten?

_____

_____

_____

Wie hoch sind meine Schulden? (Hypotheken, Kredite etc.)

_____

_____

_____

In welchem Umfang kann ich meine Kosten reduzieren?

_____

_____

_____

Was muss ich ändern, um unabhängig und frei zu leben?

_____

_____

_____

=> *Bin ich bereit, Klarheit in mein Leben zu bringen?*

_____

_____

_____

_____

Checkliste „Eine Entscheidung treffen"

Bin ich bereit für Veränderung und halte durch?

Mit welchen fünf Personen bin ich am meisten in Kontakt?

_____

_____

_____

_____

_____

Befürworten diese Personen meine Ideen?

_____

_____

_____

Können diese Personen mich unterstützen?

_____

_____

_____

Welche Personen wollen mir meine Idee ausreden?

_____

_____

_____

Wen kenne ich sonst, der mich voranbringen könnte?

_____

_____

_____

_____

_____

Was wäre der *worst case* bei meiner Traumverwirklichung?

_____

_____

_____

=> Glaube ich an die Verwirklichung meiner Träume?

_____

_____

_____

_____

Checkliste „Mein Ziel designen"

Sind die Einflussfaktoren für mein Projektziel vollständig?

Ist mein Ziel klar formuliert und messbar??

_____

_____

_____

Ist mein Ziel vom Umfang her realistisch und erreichbar?

_____

_____

_____

Ist mein Projektplan lückenlos?

_____

_____

_____

Ist mein Zielerreichungsplan gut strukturiert?

_____

_____

_____

Gibt es Zwischenziele und Meilensteine?

_____

_____

_____

Ist der Detaillierungsgrad passend gewählt?

_____

_____

_____

Kann ich externe Unterstützung in mein Projekt integrieren?

_____

_____

_____

Können alle geplanten Termine eingehalten werden?

_____

_____

_____

=> Ist mein Projektplan bereit für die Umsetzung?

_____

_____

_____

_____

Checkliste „Mein Start"

Habe ich einen festen Starttermin und ist der Ablauf geklärt?

Bin ich mit der Qualität meiner Zielformulierung zufrieden?

_____

_____

_____

Nutze ich das Pareto-Prinzip (80:20-Regel) und starte *jetzt?*

_____

_____

_____

Mein Versprechen an mich

_____

_____

_____

_____

_____

=> Go!

Danksagung

Mein Wunsch ist es, möglichst viele Menschen zu erreichen und sie dabei zu unterstützen, ihre Traumziele Realität werden zu lassen. Ich freue mich über jeden Einzelnen, der erkennt, dass weniger mehr sein kann und der einen neuen Weg zu einem entspannten Leben mit mehr Selbstbestimmung einschlagen möchte.

Die Erstellung dieses Buches basiert auf unzähligen Gesprächen mit vielen Menschen, die mir sehr wichtig sind. Es ist nahezu unmöglich, alle Personen namentlich aufzuführen. Danke an alle, die zum Erscheinen dieses Buches beigetragen haben.

Mein besonderer Dank geht an

- Michael Moos für seine vielen Ideen und seine Unterstützung während einer jahrzehntelangen Freundschaft
- Dr. Helmut Begusch für seine langjährige Motivation, seine Kreativität und Freundschaft
- Elke Schulmeister für ihre Empathie und ihre besondere Fähigkeit, mir meine Stärken bewusst zu machen und mich meinen eigenen Weg entdecken zu lassen
- meine einzigartige Frau Silke, ohne die dieses Buch niemals entstanden wäre.

Mehr über mich auf www.downsize-your-life.com!

Über den Autor

André M. Richter war viele Jahre als Projektleiter für Großunternehmen tätig und kennt 70 Stunden-Arbeitswochen, Kurzurlaub mit Laptop und Smartphone, Stress und Burnout aus eigener Erfahrung. Eines Tages stand er vor der Entscheidung, sich für den Rest seines Lebens damit abzufinden oder sein Leben neu zu gestalten. Dabei kam er zu dem Ergebnis, dass *DOWNSIZING* das eigene Leben entscheidend verbessern kann. *WENIGER IST MEHR* wurde fortan zu seiner Parole.

Nachdem er innerhalb von sechs Monaten einen Berg von Herausforderungen gemeistert hatte, entwickelte er daraus über einen Zeitraum von mehreren Jahren eine eigene Methode, deren Kernpunkt die *FOKUSSIERUNG AUF DAS WESENTLICHE* ist.

Heute verhilft er Menschen zu mehr Zeit, Freiheit und Lebensqualität, indem er sie dabei unterstützt, ihr Leben neu zu gestalten, zu vereinfachen und ihre Traumziele zu verwirklichen.